도둑질에도 철학이 있다

도둑질에도 철학이 있다

이상우의 인생 사용 설명서

신아출판사

책머리에

글을 쓰면서 한평생을 살아온 나는 사건이나 사물의 모양은 그것을 느끼는 사람에 따라 다르게 나타난다고 생각한다.

나는 1958년 신문기자가 되고 1961년 첫 소설을 쓰기 시작한 이래 50년 가까이 수많은 세상사와 부딪치며 그것을 글로 표현했다. 그러나 같은 상황을 보거나 겪더라도 그 사람의 환경이나 느낌에 따라서 전혀 다른 감성으로 전달된다는 것을 느꼈다.

세상을 사는 이치, 무엇이 내 인생을 진솔하게 만드는가, 직장에서 성공하는 방법은 무엇인가를 나름 터득한 것이 있다. 어쭙잖은 경험을 다른 사람과 나누고 싶어 이 책을 엮었다.

소설이나 이론서가 아닌 글로는 처음 세상에 내놓는 책이다. 나의 경험을 다른 사람도 공감하기를 바라지만, 공감을 받지 못할 글도 더러 있을 것이다.

책의 제목이 된 '도둑질에도 철학이 있다'는 말은 요즘 세태를 한탄하는 의미를 담은 것이다. 눈만 뜨면 높은 자리에 있는 사람들이 남의 돈 도둑질하다가 사법기관에 불려가는 기사가 그칠새 없다. 도둑질에 무슨 양심이나 철학이 있지는 않겠지만 답답한 심경을 이렇게 표현해 보았다.

책의 후반부에 실은 명사들의 추억담은 세상에 잘 알려지지 않은 내용이 많을 것이다. 시인 구상 선생은 나의 은사였으며, 박태준 포스코 회장은 평소 친밀한 사이였고, 안의섭 화백은 직장 동료, 고우영 만화가는 잊을 수 없는 친구였다.

이가형 교수, 이주일 씨 등 여섯 명사의 이야기를 어디엔가 남기고 싶었는데 이 책에 싣게 되어 다행이다. 구상 선생은 진정한 이 나라의 양심이며, 불의 앞에서 목숨을 두려워하지 않는 용기를 보여준 지식인이었다. 안의섭 화백은 군사 독재에 항거하는 자세를 끝까지 지키다가 직장에서 쫓겨나고 조국에서까지 밀려나 해외를 떠돌면서도 신념을 굽히지 않은 언론인이었다. 고우영 만화가도 넘치는 유머 속에 슬픈 저항 정신이 숨 쉬는 작가였다. 군인 출신으로 엄격한 규범을 스스로 실천하며 살아온 강철 같은 지도자 박태준 회장은 따뜻한 인간성으로 예술인을 돕는 숨은 일도 많이 했다.

이가형 교수는 추리문학에 평생을 바친 학자였으며, 이주일 씨는 행동하는 코미디언이었다.

이 책을 엮는 데 힘을 보태준 《여행작가》 정선모 편집국장과 영어사전의 달인 손봉돈 교수에게 감사드린다.

2014년 여름 '홈즈네 집'에서 저자 씀

차례

PART 1

PART 2

PART 3

PART 4

PART 5

PART 1

직장에서 살아남는 7가지 방법

오늘을 사는 직장인들은 바늘 방석 위에서 수난의 시대를 살고 있다. 바늘구멍을 뚫고 천신만고 끝에 취직이라고 들어가면 '조기' 니 '명태' 니 하는 흉악한(?) 생선들이 여기저기서 노리고 있다. 자칫 잘못하다가는 행군의 대열에서 내쫓기기 십상이다.

적응하지 못해 천덕꾸러기로 남을 바에는 차라리 스스로 그만두어버리는 것이 현명한 일인지도 모른다. 월트 비셔는 그의 명저 《유머집》에서 직장에서 빨리 쫓겨나는 일곱 가지 비결을 다음과 같이 제시하고 있다.(박춘호 칼럼에서 재인용)

1, 보지 마라… 보일 테니까.

2, 듣지 마라… 들릴 테니까.

3, 생각하지 마라… 알게 될 테니까.

4, 결단 내리지 마라… 그것이 틀릴지 모르니까.

5, 걷지 마라… 발에 걸릴지 모르니까.

6, 뛰지 마라… 넘어질지 모르니까.

7, 살지 마라… 죽을지 모르니까.

웃기 전에 소름이 끼치게 하는 유머들이다. 직장인들이 늘 마음 속에 지녀야 할 말들만 너무도 절실하게 잘 모아 두었다.

이 일곱 가지를 피해가기 위해서 우리에게 가장 필요한 자세는 무엇인가. 무슨 일이든지 적극적으로 해야 하는 '프로 정신'이라고 필자는 생각한다. 자기가 맡은 일은 물론, 옆 동료의 일이라도 적극적으로 자기 일처럼 해나가야 한다.

30여 년 전 필자가 신문사 편집국에서 일하고 있을 때였다. 나는 서울 북쪽 변두리인 하월곡동에서 셋방살이를 하고 있었다. 안국동에 있는 신문사까지 차비를 아끼기 위해 걸어서 출퇴근을 했다. 첫눈이 소담스럽게 내린 어느 초겨울이었다. 내가 창경궁 옆을 지나가다 보니까 어떤 사람이 가로수 위에 올라가 가지마다 곱게 쌓인 눈꽃을 털어내느라 무지무지 애를 쓰며 나무를 흔들어대고 있었다. 도대체 저런 미친 짓을 하는 사람이 누군가 궁금해서 걸음을 멈추었다. 곁에 가서 보니까 그는 악착같기로 유명한 우리 신문사 사진부의 J기자였다.

"당신 거기서 뭐하는 거요?"

"예. 눈꽃이 하도 아름다워 오늘 첫눈 뉴스를 쓸 때 신문에 이 사진을 쓰려고… 사진을 찍고 가다가 생각하니까, 다른 사의 기자가 또 찍을지 모르기 때문에… 헤헤헤…."

그도 자기의 행동이 쑥스러운지 웃었다. 우리는 그의 행동에 대한 도덕성을 비판하기 전에 직장에 대한 그의 충성심, 즉 프로 정신을 먼저 인정해야 한다. 빗나간(?) 프로 정신은 또 있었다.

일본의 어느 유명 신문사 기자는 몇 년을 기자 생활을 했지만 한 번도 특종 기사를 쓰지 못했다. 그는 드디어 결심을 하고 일생의 마지막 특종 기사를 쓴다. 그는 특종 기사를 써서 봉함을 한 채 부장에게 주면서 저녁 몇 시 이후에 보라고 한다.

그 시간에 봉투를 연 부장은 '특종'에 깜짝 놀란다. 내용인즉 어느 신문사 아무개 기자가 후지산 분화구에 투신자살하였다는 기사였다. 마침내 자기 목숨을 던져 특종을 만든 것이었다.

이 행동의 타당성에 대한 시비를 하기 전에 우리는 그의 직업에 대한 프로 정신에 고개를 숙이지 않을 수 없다.

직장 일을 할 때는 자기를 바쳐서도 해야 하지만 자기를 사랑하듯이 해야 한다. 기왕 하는 일이라면 즐겁게 일과 자신을 사랑해야 하는 것이 첫째다.

프로 정신의 두 번째 신조는 모든 일을 긍정적으로 생각하자는 것이다.

에디슨은 배터리를 발명하기 위해 5만 번의 실패를 거듭한다. 그는 이렇게 엄청난 실패를 거듭하면서도 포기하지 않았다. 이것이 프로 정신이다. 이 5만 번의 실패에 대해 그는 이렇게 말한다.

"알았다. 나는 배터리가 작동하지 않는 5만 가지의 방법을 알아냈다."

그는 실패를 성공으로 바꾸고 있다. 이것이 바로 긍정적인 사고방식이다. 맥주가 반병밖에 안 남았다는 말과 맥주가 반병이나 남았다는 말의 사고와 같다.

긍정적인 사고방식은 불평하지 않는다. 불만을 갖지 않는다. 불만이 많으면 그 사람의 표정부터 다르다. 부정적인 마음가짐은 자신을 잃게 하고 소극적인 인간으로 자신을 변화시킨다.

마지막으로 직장인이 가져야 할 중요한 자세는 즐거운 마음가짐이다. 즐겁지 않은 직장은 지옥이다. 적극적으로, 긍정적 사고를 가지고 즐겁게 일한다면 그처럼 아름다운 인생이 또 어디 있겠는가. 직장인이여 힘을 내자!

가장 높은 자리

가장 높은 자리에 있는 사람은 참으로 처신하기 어렵다. 한 집안의 가장이나, 직장의 단체장, 그리고 한 나라의 가장 높은 자리에 있는 사람은 보통 사람보다 열 배 스무 배 처신하기가 어렵다. 한 발만 잘못 떼어도 수많은 사람에게 몇백 발자국을 잘못 뗀 것처럼 보인다.

그래서 높은 자리에 있는 사람은 거기에 있을 자질을 타고난 사람이라야 한다는 말도 있다. 왕이나 대통령이 될 사람은 하늘이 내린 사람이라야 한다는 말이 그런 뜻인지 모른다.

그러나 가장 높은 자리에 있는 사람은 꼭 자기가 뛰어나서 그 자리에 있는 것이 아니란 말도 많이 한다. 어쩌다 보니까 본의 아니게 그 자리에 앉게 되는 경우가 없는 것은 아니다.

핏줄 하나 잘 타고나서 왕이 되기도 하고 쿠데타 세력에 떠받쳐 국가 원수가 되기도 한다. 그렇게 해서 일단 그 자리에 앉기만 하면 오히려 보통 사람보다 처신하기가 훨씬 쉽다는 얘기까지 한다.

'크기가 한 자[尺]밖에 안 되는 작은 나무도 높은 산 위에 있으면 천야만야千野萬野한 골짜기를 내려다볼 수 있다. 폭군 중의 폭군인 걸桀도 황제 자리에 있었으니까 천하를 움직일 수 있었다. 걸이 현명해서가 아니라 그의 권세가 대단했기 때문이다. 요堯가 중국 역사상 가장 어진 인물이었지만 임금의 자리에 있지 않았다면 작은 마을 하나도 다스리지 못했을 것이다.'(韓非子)

높은 자리란 이렇게 중요한 것이란 뜻일 것이다. 아무리 현명한 사람일지라도 그가 뜻을 펼 '자리'를 얻지 못하면 소용이 없다. 한 척의 소나무가 아니라 백 척이 넘는 거목이라 할지라도 백두산 위에 있는 한 치 소나무와 높이 자랑을 할 수 있겠는가.

그러나 훌륭한 사람이 높은 자리에 있으면 경륜을 펴 세상을 이끌 수 있지만 우매한 사람이 높은 자리에 있어서 덜신을 일삼는다면 세상을 그만큼 어지럽게 만들 것이다.

'높은 자리' 의 이러한 위험성 때문에 우리의 선조들은 여러 가지 방법으로 그 자리를 경계했다.

우리는 조선 왕조의 왕권 규제나 행정 제도에서 이것을 잘 읽을 수 있다. 과거 일제 식민 사관을 가진 학자나 작가들이 우리 조선 왕조를 타락하여 사시사철 당파 싸움이나 하는 왕조로 해석해 놓았다. 그뿐 아니라 왕은 궁녀들의 치마폭에 싸여 무능하고 음탕한 세월을 보낸 것으로 묘사했다.

그러나 조선 왕조만큼 공정한 행정 제도와 왕권의 제한을 가한 왕조가 세계 역사상 거의 없다는 것이 일부 학자들의 견해이다.

연산군 같은 자질을 갖추지 못한 사람이 높은 자리에 앉으니까 무소불위의 권력을 휘둘러 나라를 구렁텅이로 빠뜨렸다고 하지만 그것은 극히 일부의 예를 과장 표현했을 뿐이다. 한 가지 예를 들면 왕이 중요한 정책을 결정할 때는 혼자 독단으로 명령을 내릴 수 없게 되어 있다. 의정부로부터 정책 결단을 요구받아 결정하는 자리에는 반드시 간관諫官이 입회하게 되어 있다. 왕이 정책 결정을 하는 과정을 지켜보며 잘못 판단을 하면 간관이 이의를 제기해서 저지시켜야 한다. 만약 이의를 제기하지 않고 눈감아 주었다가 그 정책이 결과적으로 잘못되었을 때는 간관이 처벌을 받아야 한다. 그것은 시효도 없다. 수십 년이 지나도 불려와서 청문당하고 상당한 벌을 받는다. 간관은 과거에 급제한 지 얼마 안 되는 프레시멘으로 임명하여 그 청렴성을 살림은 물론이다.

또한 조선조의 왕궁을 보면 왕비가 거처하는 침실은 있어도 왕이 거처하는 정해진 침실은 없다. 왕은 비빈을 많이 거느리기 때문에 왕의 건강이나 정서를 관리하는 제조상궁이 그날그날 왕의 잠자리를 정하기 때문이다. 말하자면 왕은 잠자리까지 자기 마음대로 할 수 없는 규율 속에 묶여 있었던 것이다.

우리가 영상 매체나 소설에서 흔히 보듯이 조선조의 왕들이 모두 아무 궁녀나 눈에 들면 제 마음대로 주무르고 밤마다 음탕한 장난질이나 치면서 정사는 나 몰라라 했던 모습은 사실과 상당히 거리가 있는 장면들이다. 무턱대고 왕조를 부정적으로 비치게 한 작품들이다.

전제 왕권 시대에도 '높은 자리'엔 이렇게 절도가 있었는데 민주주의 국가라는 이 땅에서 지금 '높은 자리'에 있던 사람들이 어떻게 했기에 이렇게 세상을 시끄럽게 한단 말인가? 똑똑한 간관 한 사람 없었단 말인가?

높은 산 위에 올라간 비록 한 자짜리의 나무일망정 정해진 규칙만 지키다가 내려왔어도 비난을 받지는 않았을 것이다.

현대적 국가는 왕조보다 훨씬 더 집권자의 폭을 좁게 묶어 놓았다. 특별히 세상을 바꿀 만한 정치를 하지 않았더라도 정해진 규칙만 지키다가 '산山'에서 내려와도 박수받으며 퇴장할 수 있다. 자기 욕심만 너무 부리지 않고 거짓말하지 않았다면 오늘날의 요순이 될 수 있었을 것이다.

아무리 작은 집단일지라도 높은 자리에 앉은 사람은 우선 자기가 훌륭해서 그 자리에 앉았다고 착각하면 안 된다. 오너의 아들이기 때문에 기업체의 사장이 된 것이고, 혈통을 이어받았기 때문에 왕좌에 앉게 되고, 정치적 역학이나 이해득실이 맞아떨어져 권력을 잡게 되었다는 것을 잊어서는 안 된다.

이 나라 최고의 권좌에 있었던 사람들이 거의 모두 불행한 결말에 봉착했던 것은 이 시대를 함께 사는 우리 전체의 책임이라고 얼버무리는 사람들이 있지만 그보다는 산 위에 올라갔던 사람들의 인식 잘못이 훨씬 많다는 것을 우리는 잘 안다.

'백수' 시대의 지혜

언제부터인가 일정한 직업이 없는 사람을 '백수' 라고 부른다. '백수' 란 두 가지 뜻으로 쓴다. 민머리 즉 감투를 쓰지 않았다는 백수白首와 빈손이라는 백수白手가 그렇다. '백수건달' 이라고도 한다. 민머리란 관직을 최상의 직업으로 삼던 시절 아직 아무 감투도 얻지 못한 사람을 이르는 것이다. 그러나 꼭 아직 직업을 얻지 못한 사람만을 뜻하는 것은 아니고 갑자기 일자리를 잃은 사람도 이렇게 말한다.

흔히 IMF 시대라고 불려지던 한때 우리 주변에는 눈만 뜨면 이 '백수' 들이 줄줄이 늘어났다. 실업률이 사상 최고이고 그 숫자가 이미 백만이니, 백오십만이니 했다. 떵떵거리며 출근하던 사람들이 갑자기 풀이 죽어 주변의 눈치나 보게 되고 심지어 가족들에게까지 짐이 되지 않을까 하는 조바심을 가지게 되었다.

그러나 이런 시대일수록 '백수'가 된 사람들은 자기 자신을 잃지 말아야 한다. 모든 일에 자신이 없어지고 일상의 리듬이 깨지자 자신에 대한 믿음이 제일 먼저 없어진다. 그러나 이런 환경에 처할수록 '백수'들은 자신을 잃지 말아야 한다.

자기 자신의 가치는 자기가 지켜야 한다는 말이 있다. 자애자중自愛自重하라는 말은 이럴 때 꼭 맞는 말이다.

미국의 '브랜든 자부심 연구소' 소장인 나타니엘 브랜든은 그의 저서 《자부심 키우기》에서 자부심 창조 3법칙이라는 것을 다음과 같이 적고 있다.

첫째, 독립적으로 생각하라.
둘째, 자신의 존재에 책임을 져라.
셋째, 진실되게 살아라.

그렇게 하여 자부심이 높아지면 자신의 삶이 달라진다고 했다. 그의 말 중에 우리가 다시 생각해볼 평범한 말은 목표를 찾으라는 것이다.

'백수' 가 된 첫날부터 좌절 속에 이불을 뒤집어쓰고 방안에 누워 있을 것이 아니라 우선 작은 목표부터 세우고 이를 실천하는 일이다. 매일 일정한 시간에 일어나 동네를 한 바퀴 돈다는 것도 작은 목표 중의 하나이다.

그리고 일생 동안 자기가 하고 싶었던 일을 이제야 하게 되었다는 긍정적 생각을 가지는 것이 중요하다. 지금까지는 어쩌다가 남의 목표에 매여서 하기 싫은 월급쟁이 노릇을 했지만 지금부터는 내 시간을 내가 마음대로 하는 일생의 호기를 맞았다고 생각하면 '백수' 도 괴로운 일만은 아닐 것이다.

내가 아는 한 사람은 은행에 20년을 다녔는데 갑자기 '백수' 가 되어 며칠을 집 안에 박혀서 세상을 원망만 하면서 지냈다. 그러나 그는 곧 학창 시절부터 꿈꾸어 오던 클래식 음악의 꿈을 되살렸다. 그는 대학로 근방에 조그만 공간 하나를 얻어 차를 곁들인 클래식 음악 감상실을 만들었다. 자기 취미에 맞는 곡들만 골라 온종일 틀어놓고 취미가 같은 사람들이 찾아오는 것을 보면서 보내는 나날이 참으로 즐겁다고 했다.

자신을 잃지 않고 자신과 생활을 되찾은 것이다. 지금부터가 진짜 자기 인생이라고 그는 흐뭇해했다.

항상 조직에 얽매여 살아온 사람이 '독립적으로' 생각한 것이다. 자기의 목표를 자기가 정한 것이다. 그는 또한 브랜든 제2의 법칙인 자신의 존재에 책임을 진 것이다.

브랜든은 자기 존재에 대한 책임을 지려면 다음과 같이 해야 한다고 말하고 있다.

(1) 내가 하는 선택과 행동에 책임을 진다.

(2) 시간을 관리하는 방식에 책임을 진다.

(3) 내 몸에 신경 쓰는 책임을 진다.

(4) 내 행복에 책임을 진다.

(5) 배우자 아이들, 부모, 친구들을 대하는 나의 태도에 책임을 진다.

우선 이 다섯 가지에 대한 책임만이라도 확실히 진다면 이제까지의 삶보다는 훨씬 보람 있는 삶을 살게 될 것이다.

이제 남은 것은 브랜든 제3의 법칙인 진실되게 사는 것이다. 남은 생애를 클래식을 좋아하는 사람들에게 얼마나 봉사하며 진실되게 사는가 하는 것이 이 은행원 '백수'의 남은 목표일 것이다.

미래의 '백수'들이여 힘을 내자.

두 가지의 삶

복잡한 현대 사회에서 일생을 살아가자면 어떻게 하는 것이 가장 보람 있고 뜻깊은 생애가 될 것인가 하는 거창한 명제에 대해 한 번쯤 생각해보지 않은 사람은 없을 것이다.

그런 거창한 생각을 하지 않았더라도, 어떻게 하면 성공적인 삶이 되어 남에게 욕먹지 않고 살 수 있을까 하는 생각은 우리 모두 수없이 했을 것이다.

더구나 직장 생활을 하는 사람은 마음에 맞지 않는 윗사람을 만나 고민하는 경우가 많고, 어쩐지 싫은 동료, 얼굴도 쳐다보고 싶지 않은 부하들도 있을 것이다.

직장 분위기가 마음에 맞지 않는다고 하는 것은 대개 사람들 때문이다. 직장이나 사회에서 매일 부딪치는 이 많은 사람들이 모두 마음에 들 수는 없다. 그렇다고 사람들과 담을 쌓고 살 수는 더욱 없다. 그러다 보니까 아부도 하게 되고, 얼굴을 붉히며 싸움도 해야 하는 것이 우리들의 일상이다.

'나는 좀 별난 사람인가 봐. 그런 걸 참을 수가 없단 말이야.'

혼자 이렇게 자신을 나무라며 후회하는 사람이 많을 것이다. 그러나 따지고 보면 거의 모든 사람은 이 같은 사람이고, 특별히 자기 혼자만 별난 사람이 아니라는 것을 뒤에 알게 된다.

상대방을 어떻게 생각할 것인가 하는 것은 우리들 사회생활의 시작이고 끝이다.

데이비드 슈바르츠라는 철학자는 사람의 마음속에는 두 개의 방송국이 있다고 말한다. 이 방송국에서는 두 가지의 거의 비슷하고 강력한 채널로 메시지를 전달한다고 한다.

> 두 채널은 P(positive 긍정적)와 N(negative 부정적)이다. 예를 들면 오늘 상사가 그를 불러 그의 작업에 대해 한껏 칭찬해 주고 동시에 개선 방법에 대해서도 특별한 조언을 했다고 치자.

그럴 경우 그는 자기의 마음을 N채널에 맞춘다면 그 아나운서는 그에게 반항하라. 그가 부르면 따져라. 그 사람에게는 가시가 있어라고 말할 것이다.

그러나 P채널에 마음을 맞춘다면 아나운서는 너도 알다시피 그 사람은 좋은 사람이야. 너에게 한 그 사람의 조언은 건전한 것이었어. 그대로 하면 너는 아마 일을 훨씬 더 잘할 수 있을 것이야 라고 말할 것이다.

P를 택했을 경우 자기는 상사의 조언으로부터 틀림없이 이익을 얻게 될 것이다. 그와 동시에 상사와 훨씬 더 가까운 위치가 될 것이다.

만사가 마음먹기에 달렸다는 말이 있다. 위의 이 두 아나운서 이야기는 직장인의 약아빠진 처세술의 하나라고 생각할 수도 있겠지만 이해관계가 없는 친구나 가족 간의 일이라고 생각한다면 쉽게 답이 나온다.

허약해진 고려왕조를 넘어뜨리고 조선을 세운 태조 이성계와 자초自超 대사 사이에는 유명한 문답이 전해지고 있다. 자초란 한양 도읍을 정하는 데 도움을 주었다는 무학 대사를 말한다.

자초와 태조는 아주 가까워 왕과 대사의 사이라기보다 친구 사이 같았던 것 같다. 어느 날 한자리에 있은 태조는 자초 대사에게 농을 걸었다.

“오늘 보니까 대사의 얼굴이 꼭 돼지처럼 생겼구려. 하하하. 대사 눈에는 내가 무엇으로 보이오?”

옆에 있던 사람들은 대사가 화를 낼까 봐 조마조마했다. 그러나 대사는 뜻밖의 대답을 했다.

“소승의 눈에는 전하가 부처님처럼 보입니다.”

“아니 어째서 그렇게 보이오?”

“예. 돼지의 눈에는 돼지만 보이고 부처의 눈에는 부처만 보이지요.”

이 간단한 문답에서 우리는 사람의 마음가짐이 어떠해야 하는가를 배울 수 있다.

세상일을 긍정적으로 아름답게 보고 산다면 이 세상은 즐거운 곳이다. 그러나 매사를 어둡고 불행한 눈으로만 본다면 이 세상은 그야말로 살 가치가 없는 곳이다.

세상이란 말을 좀 더 좁혀서 본다면 그것은 우리나라, 우리 사회 그리고 우리 직장과 우리 가정이다. 항상 긍정적인 생각으로 가족을 대하고 긍정적인 생각으로 남을 생각한다는 것은 어려운 일이 아니다.

어느 시민이 무슨 허가를 얻으러 시청에 왔다고 하자. 서류가 미비해서 안 된다고 할 때 '이건 안 돼요.' 라고 하지 말고 '이건 이렇게 하면 돼요.' 라고 한다면 얼마나 좋은 일인가.

철인 디즈레일리는 '인생은 너무 작게 살기에는 너무 짧다.' 고 하였다. 크게 사는 방법은 긍정적으로 사는 것이리라.

직장에서 성공하려면

직장에서 성공하기란 그리 쉽지 않다. 내가 이 직장에서 꼭 필요한 사람으로 인식된다면 직장 생활은 성공적이라고 할 수 있겠다. 윗사람으로부터 능력을 인정받고, 동료로부터 신뢰를 받으며, 아랫사람으로부터 존경을 받는다면 얼마나 편안하고 즐거운 직장 생활이 될까. 이것은 모든 직장인의 꿈이다. 그러나 이 꿈은 구체적인 행동과 사고의 지침을 가진다면 그리 어려운 일이 아닐 것이다.

직장인의 사회생활을 성공적으로 이끄는 '11가지 전략' 을 생각해본다.

실패를 성공으로 이끄는 전략 – 실패한 일의 생각에 사로잡혀 있지 말고 빨리 그 늪에서 벗어나라. 과거의 일의 연장은 다른 실패를 낳는다. 이제 나는 조직원도 아니고 사업가도 아닌 빈손의 외톨이라는 것을 실감하라. 그리고 모든 일을 제로에서부터 시작할 각오를 가져라. 특히 마음을 완전히 비우고 다음 인생을 설계하라. 백지에 그리는 그림은 가장 빨리 그릴 수 있다.

도전의 전략 – 사고를 친다는 각오로 무모한 일부터 구상하라. 자문을 너무 받으면 용기와 각오가 점점 퇴색해진다. 남이 간 길을 너무 열심히 공부하지 마라. 꼭 성공한다는 신념을 다지라. 남이 비웃는 것에 신경 쓰지 마라. 그러면 그 도전은 벌써 반은 성공한 것이다.

고객 관리의 전략 – 고객에게 먼저 자기를 인식시켜라. 그 방법은 가장 자연스럽게 우연을 앞세우면 더욱 좋다. 다음엔 고객을 파악하라. 고객과 만나기 전에 고객에 대한 세세한 정보를 입수하라. 어느 학교를 나왔고 가족이 어떻고 하는 것보다는 아주 보잘 것 없는, 예를 들면 윤동주 시를 줄줄 외운다든지, 끈 달린 바지를 좋아한다는지 하는 소소한 정보를 가지고 있다가 적절한 때 쓴다.

혁신의 전략 – 모든 것을 다 새롭게 하는 것이 혁신이 아니다. 조직을 혁신할 때는 그 구성원의 능력, 학력, 취미, 나이 같은 정보를 모두 분석한 뒤 가장 거부 반응이 적은 쪽으로 전략을 세운다. 사업의 시작 초기, 또는 직장의 부임 초기에 전격적으로 혁신을 실현하지 못하면 영원히 할 수 없다는 것을 명심하라.

인맥 활용의 전략 – 인맥을 찾아 헤매는 것보다는 직접 부닥쳐 인맥을 만드는 것이 가장 좋은 방법이다. 그러나 이왕 연결된 인맥은 최대로 활용해야 한다. 목표한 고객의 모임에 직접 들어간다든지 취미 생활을 같이 한다든지 하는 것도 좋은 방법이다. 고객을 소개해준 사람보다 더 가까워지는 방법을 찾으라. 그러나 무엇보다 성실한 매너를 보이는 것보다 좋은 방법은 없다.

습관의 전략 – 세상에 아침형 인간이니 저녁형 인간이니 하는 것은 없다. 오직 24시간 인간형만이 있다는 것을 명심하라. 필요하면 며칠씩 밤을 새우는 것을 습관으로 익혀 두어야 한다. 어떤 자리에 앉게 되든 남의 습관을 존중해주라. 그리고 나는 그보다 좋은 습관이 있다는 자부심을 잃지 마라.

협상의 전략 – 모든 사업적 이득을 상대방에게 충분히 설명하는 것으로 유리한 협상이 이루어지는 것은 아니다. 내가 뛰어난 능력이 있다는 것을 인식시킨다고 해서 협상이 성공하는 것이 아니라 그러한 정성과 노력을 다한 뒤 이 협상이 성공할 수 있나 없나를 중간 점검하라. 도저히 성공 가능성이 없다고 하면 빨리 포기하라. 가능성이 있다고 보면 그다음은 비즈니즈에서 벗어나라. 인간적인 접근이 그다음 차례다.

영업의 전략 – 무턱대고 열심히 뛴다고 영업이 성공하는 것은 아니다. 책상에 앉아서 3시간 생각하고 30분 뛰어라. 제품을 만들 때부터 고객을 생각하라. 그 가상의 고객을 항상 머리에 두고 기획하고 디자인하고 생산한다. 다음에 고객과 제품의 공통점을 찾아낸 뒤 접근한다.

감동의 전략 – 모든 비즈니스는 인간적인 바탕 위에 서 있다는 것을 잊지 마라. 고객에게 금전적 이득을 주는 것보다 인간적 신뢰도를 높여 주는 것이 훨씬 효과적일 때가 많다. 고객이 잘나갈 때 골프에 초대해서 호화 대접을 하는 것보다는 고객이 비 맞을 때 재빨리 우산 들고 뛰어가는 것이 훨씬 효과적이다.

유혹에 빠지지 마라 – 회사 일을 하다 보면 회사 이익보다는 자기 이익을 먼저 생각하는 수가 많다. 그러나 명분이 없는 자기 일은 절대 챙기지 마라. 일본 공무원들이 청렴도가 높은 것은 한 번 뇌물 받았다 들통 나면 평생을 보장하는 퇴직 후 연금을 못 받는 것 때문이다. 윗사람은 항상 밑에 사람을 감시하는 자세를 잊지 마라. 우리 사회의 부조리는 밑에서 위로 올라간다.

인생 성공의 전략 – 태어난 환경이나 자라온 배경을 핑계 대지 마라. 항상 직장에서 명랑하고 성실하라. 어려운 일일수록 즐거운 마음으로 처리하라. 남과 다투지 말고 항상 따뜻한 마음으로 참 좋은 사람이라는 평을 늘 들어라. 그러나 조직의 법칙과 줏대는 절대로 버리지 마라. 좋은 사람이란 평을 들어도 밟혀서는 안 된다. 먼저 가정에서 존경받아야 나가서도 존경받는다는 것을 잊지 마라.

인생 3모작 시대를 산다

한국인의 평균 수명이 계속 늘어나더니 이제 100세 시대가 눈앞에 왔다.

그런데 직장의 정년퇴임은 늘어나지 않았다. 50대에 퇴직시키는 직장이 얼마나 많은가.

60대에 퇴직할 경우 남은 인생이 40년이다. 40년이면 한 세대를 넘기고도 10년이 남는다. 초등학교에서 시작해 대학을 졸업하고, 군 복무를 마치고도 10여 년이 남는다.

이렇게 긴 세월을 어떻게 해야 할 것인가? 정말 보통 고민이 아니다. 인생 후반선을 어떻게 뜻있고, 멋있고, 슬기롭게 살 것인가 하는 것은 이제 모든 사람의 명제가 되었다.

필자는 이 길고 긴 인생을 3등분하는 방법을 제시해본다. 50대 정년까지를 인생 1기, 60대에서 70대 후반까지를 인생 2기, 80대에서 100세까지를 인생 3기로 나누는 방법이다.

인생 2기와 인생 3기를 어떻게 보낼 것인가 하는 것이 오늘날 우리들의 숙제이다.

인생 2기는 아직 팽팽한 젊음이 남아 있어서 신중년이라고 말한다. 인생의 황금기일지도 모른다. 60대 사람들에게 자신이 노인이라고 생각하느냐는 질문에 그렇다고 한 사람은 3%에 불과하다는 통계도 있다. 이제 60대에서 70대 후반까지는 신중년으로 표현할 뿐 아니라 이때야말로 자기 인생을 자기 마음대로 할 수 있는 시기라고 말하는 사람도 있다.

필자는 비교적 '인생 1기' 가 길었다. 대학교 2년생이던 20세에 일간신문 수습기자로 출발하여 60대 중반에 일간신문 회장직에서 떠나기까지 46년 동안 치열한 뉴스 전쟁터인 현장에 있었다. 그 후 10년 동안 인생 2기를 살고 있다. 다른 사람보다 제2인생을 좀 늦게 시작해 '황금기' 가 짧아진 안타까움이 있다. 그 대신 인생 2기를 다른 사람보다 좀 더 뜻있게 즐길 수 있지 않을까 하는 생각을 한다.

필자는 인생 2기에서 여러 가지 다양한 일을 하고 있다.

우선 인생 1기에서 이루지 못한 작품 활동을 열심히 하고 있다. 정년이 없는 '작가' 라는 부업을 가지고 있었기 때문에 인생 2기가 오히려 즐겁다. 이 10년 동안에 50여 편의 작품을 발표했다. 책도 11권이나 출간했다. 인쇄 매체와 평생을 싸워 왔으나 영상매체도 경영해보았다. 그 외에도 IT분야, 레저분야, 사회단체의 자문역도 맡았다.

40여 년의 신문 기자 생활이 항상 긴장과 전투의 세월이었다면 인생 2기는 자유와 여유, 그리고 성취감으로 사는 인생이다.

"자네는 젊을 때부터 문학을 했으니까 할 일이 있지만 모두가 그런 것은 아니잖아." 이렇게 말하는 친구들도 있다.

그러나 인생 2기는 초등학교부터 다시 시작한다고 하는 말이 있다. 언론 일선에서 인생 1기를 보낸 사람은 글을 쓸 수 있다는 행운을 가지고 나온다. 이 행운은 여러 면에서 보배처럼 쓰인다. 글을 쓴다는 것은 인생 2기에 큰 도움이될 것이다.

필자가 인생 2기에 쓴 작품은 역사 소설이 많다. 필자가 특별히 역사를 전공한 것은 아니고, 현역을 떠나면서 공부하기 시작했다. 예를 들면 세계 최대의 기록물인 《조선 왕조 실록》을 처음부터 완독했다. 그 안에는 무궁무진한 생활의 지혜, 문학, 정치, 철학 소재가 있다. 그 속에는 무한한 보물이 들어 있다. 이 한 가지 일만 가지고도 인생 2기를 즐길 수 있었다.

그 외에도 인터넷과 모바일을 더 깊이 배웠다면 여기에도 끝이 없는 흥미와 즐거움이 있다. 할 일이 없다는 말이 절대로 나오지 않는다. 그러면 돈이 생기느냐고 물을 것이다. 한 가지를 전문적으로 파다 보니 돈도 생긴다.

필자는 인생 2기를 알차게 보내면서 이제 인생 제3기를 위한 준비를 열심히 하고 있다.

도둑질에도 철학이 있다

요즘 매일처럼 '사법처리' 된다는 사람들이 신문이나 TV 뉴스를 장식하고 있다. 과거 여러 차례 정권이 바뀌는 동안 쌓여온 일들이 많아 쉽게 끝날 일이 아닌 것 같다.

나는 한 점의 부끄러움도 없고, 단 한 푼의 검은 돈을 만진 일이 없다고 결백을 주장하지만 보고 있는 국민의 입장은 참으로 착잡하다.

수백, 수천억 원의 세금을 떼어먹은 사람들은 아직 진솔한 참회의 모습을 보이지 않고 있는 것 같다.

과거 그와 한통속인 사람들이 비리를 저지른 방법도 귀신이 곡

할 정도로 절묘했다. 그러나 일단 죄상이 세상에 다 드러나면 눈물을 흘린다. 극악한 사형수도 부처님이나, 하느님 앞에서는 무릎을 꿇고 후회하며 비로소 참다운 인간으로 돌아오는 경우가 많다.

아무리 도둑질을 해먹었더라도 조그마한 양심 한 조각은 남아 있었던 모양이다.

중국의 고전인 《장자莊子》 외편에는 다음과 같은 이야기가 나온다.

동양 역사상 가장 무도한 도적인 도척盜拓의 부하들이 도척한테 도둑 무리에도 도道가 있느냐고 물었다.

도둑질하는 데 무슨 도가 있겠는가마는, 도척은 이렇게 대답했다.

"아무렴, 어디엔들 도가 없을 수 있는가. 도둑질을 하는 데도 다섯 가지의 도가 있다. 즉, 성聖, 용勇, 의義, 지智, 인仁이 그것이다. 성은 어느 집을 터는가를 미리 고려하는 것이고, 용은 털러 들어갈 때 앞장서는 것이요, 의는 털고 나올 때 나중에 나오는 것이고, 지는 안전한 방법만 골라 하는 것이요, 인은 훔쳐온 물건을 공평하게 나누는 일이니라. 이 다섯 가지 도를 갖추지 않은 도둑은 결코 큰 도둑이 될 수 없느니라."

두목 도척의 도를 들은 부하들은 모두 고개를 끄덕였다.

이것을 현대적인 도둑 철학으로 다시 해석해 보면, '성' 이란 도둑질을 하되 불쌍한 사람에게는 피해를 주지 않아야 한다는 뜻이 담겨 있다. '용' 과 '의' 는 조직의 정의 같은 것을 말해준다. 위험하고 힘든 일은 구성원이 스스로 앞장선다는 뜻이다. 그리고 만약의 경우 모든 책임은 자기가 진다는 뜻이기도 하다. '지' 는 안전을 강조한 것이요, 끝으로 '인' 의 해석은 평등 사회를 말한다.

도둑들의 이야기를 너무 과장해서 억지 해석을 한 것 같은 감이 있기는 하나, 오늘날의 우리 사회를 돌아보면 시사하는 것이 많다.

국민의 세금을 떼먹었으니 터는 상대를 고르지 않았기 때문에 '성' 의 도를 어긴 것이요, 조직원이 자기 욕심을 채우지 못하자 회사의 비리를 폭로하여 '용' 과 '의' 를 지키지 않았다. 자기가 모시던 주군을 도둑이라고 사법 당국에 투서하고 일러바친 일이 얼마나 많은가. 같이 도둑질을 해놓고 추궁을 당하게 되면 모두 상사나 동료에게 떠넘기고 빠져나가려고 한다.

횡령하거나 세금을 내지 않은 돈은 권좌에 있는 사람이 혼자 독식하다가 걸리는 경우가 얼마나 많은가. 이는 '인' 의 도를 지키지 않은 것이다.

우리는 아침저녁 쏟아지는 내기업의 경영자나 그와 유착된 권력의 한가운데 있는 사람들의 이야기를 지겹도록 듣는다.

도척의 도도 모르는 이 뉴스를 얼마나 더 들어야 하는가. 참으로 한심하다.

받아들이는 운명

사람이 일생을 사는 동안에는 몇 차례 운명의 갈림길을 건너게 된다고 한다. 자기가 알든 모르든 위기의 순간을 맞게 될 때도 있고 변신할 수 있는 호기를 맞이하게 될 때도 있다고 한다.

어떤 선인은 일생에 한두 번밖에 없는 찬스를 놓쳐서는 안 된다는 말을 하기도 했다. 기회가 오면 과감한 결단으로 자기의 운명을 개척할 수 있는 용기가 필요하다고 했다. 그 기회를 놓치면 호기는 다시 오지 않고 그는 일생을 후회 속에 보내야 할지도 모른다고 경고하기도 했다.

내가 살아온 과정을 돌아보면 그 말이 맞는 것 같기도 하다. 특히 닥쳐온 시련에 대해서 그렇다. 주저앉지 말고 싸워서 극복하면 아무리 어려운 경우라도 헤쳐 나갈 수 있으리란 생각이 들 때도 있었다.

내가 결혼한 다음 해의 일이었다. 젊은 시절이라 나름대로 혈기에 찬 정의감도 있었고 세상을 얕보는 오만도 있던 시절이었다.

내가 근무하던 신문사의 동료들은 매일같이 시국에 불만을 품고 열변을 토했다. 막걸리 한 잔을 앞에 놓고 깡마른 안주를 씹으며 권력자들의 행태를 비판하며 주먹으로 술상을 치기도 했다. 어떤 동료는 직장을 집어치우고 사라져버리기도 했다. 암울하던 시절이었다.

나는 직장을 집어치우고 사라진다는 것은 현실 도피주의자의 비겁한 행동이라고 생각했다. 그래서 펜에 힘이 있는 한 싸워야 한다는 생각을 했다. 마침내 서툰 방법으로 서슬이 푸르던 당시의 정권 담당자를 비판하는 기사를 썼다가 수갑을 차게 되고 군법회의에 회부되었다.

그들은 내가 지은 죄가 사형이나 무기징역에 해당된다고 엄포를 놓았다. 나는 한 달 이상 수감 생활을 하면서 여러 가지 생각을 하게 되었다.

첫째 하필이면 왜 내가 이런 십자가를 져야 하는가 하는 후회였다. 다른 사람처럼 주어진 일을 얌전히 해내며 하루하루를 충실하게 산다면 이렇게 죽음 앞에 마주 서는 불행은 자초하지 않았지 않는가 하는 생각이었다. 특히 형무소(지금의 교도소) 앞에서 온종일 나를 기다리던 육순의 어머니와 신혼의 아내를 볼 때마다 그 생각은 더욱 나를 괴롭혔다.

나를 담당했던 군 검찰관은 내 태도가 불순하다고 하여 일체의 가족 면회를 시키지 않았다. 면회를 하지 못하던 어머니와 아내는 온종일 내가 수감되어 있는 교도소 정문 앞에서 내가 신문 받으러 드나들 때 눈이나마 마주쳐 보려고 기다리고 있었다. 아내는 마침 임신 8개월의 무거운 몸으로 뙤약볕에 그을려 얼굴이 까맣게 타 있었다. 나는 하루에 한 번씩 수갑과 포승줄에 묶인 채로 군용 트럭 위에 실려 교도소 문을 나서며 그런 아내와 어머니의 모습을 보아야만 했다. 1초도 채 안 되는 짧은 순간에 나는 아내의 미소와 그녀의 눈가에 어린 물기를 함께 보아야만 했다.

하필이면 왜 나냐? 왜 내 아내가 저렇게 시련을 겪어야 하는 거야? 잘못된 세상을 두고 그냥 넘기는 사람이 얼마나 많은데 내가 뭐 특별한 사명감을 가졌다고 이런 시련을 감당해야 한단 말인가?

나는 아무에게도 아닌 분노가 치솟아 올랐다. 그러나 그것은 내가 잘못 생각하고 있었다는 것을 뒤에 알게 되었다.

두 번째는 이것은 내 운명이니 순순히 받아들여야 한다는 생각이었다. 특히 나는 사형에 해당되는 죄를 지었다고 검찰관이 알려줄 때였다. 내가 아니면 누군가가 이 피할 수 없는 운명을 받아들여야 한다는 체념에 이르기까지는 상당한 시간이 필요했다. 하루에도 몇 번이나 끓어오르는 분노를 참지 못해 고함을 지르기도 하고 눈물을 흘리기도 했다. 그러나 시간은 나에게 체념을 가르쳤다.

운명을 받아들여야 한다는 생각을 하게 되자 오히려 내 행동은 침착하고 담담해질 수 있었다. 나는 그들이 하나도 두렵지 않았다. 오히려 내 주장을 더욱 조리 있고 떳떳하게 할 수 있었다. 죽음을 결심한 사람에게는 두려운 것이 없다는 체험을 하게 되었다.

나는 마침내 무죄로 풀려났다. 교도소 문을 나서면서 나는 여러 가지 착잡한 상념에 사로잡혔다. 그러나 한 가지 분명한 생각은 어떤 운명이 앞에 닥치더라도 긍정적인 사고를 가지고 그것을 거부하지 않는다면 오히려 용기가 생긴다는 역설이었다.

운칠기삼運七技三

골퍼들이 흔히 하는 말 중에 운칠기삼運七技三이란 말이 있다. 문자 그대로 운이 일곱이고 기술이 셋이라는 뜻이다. 아무리 기술이 좋아도 운運이 없으면 좋은 성적을 올릴 수 없다는 이야기일 것이다. 그러나 이 어쭙잖은 말을 한번 곰곰이 새겨 생각해 볼 필요가 있다.

자기의 책임을 남에게 떠넘기려는 속셈을 잘 나타낸 말이다.

"내 골프 실력은 보통이 넘는다. 그러나 오늘은 운이 나빠 스코어가 좋지 않을 뿐이다. 아까 16번 홀에서 보았듯이 나무를 맞은 공이 안으로 튀었으면 온 그린이 되었을 텐데 밖으로 튀는 바람에

OB가 되어 석 점이나 더 먹었어. 그뿐인줄 알아? 아우트 7번 홀에서는 하필이면 공이 돌에 맞아 튀는 바람에 연못에 빠져 한 점을 먹지 않았겠어. 오늘은 목신木神도 봐주지 않는 날이야."

토털 스코어 100을 넘긴 어느 수다쟁이가 100을 넘긴 것은 오늘이 처음이 아니다. 언제나 100을 넘겨 별명이 올백으로 통하는 친구였다.

그 친구의 이런저런 핑계를 점수로 환산해서 다 공제하고 나면 언제나 언더 파의 스코어가 나온다.

사람이 무슨 일을 하는 데 자신이 없으면 남의 핑계를 댄다. 남이 아니면 하다 못해 나무, 돌멩이, 바람, 햇볕까지 핑계의 대상으로 삼는다. 골프공이 안 맞는 이유는 4백여 가지라고 익살을 부리는 사람도 있다. 골프뿐 아니라 대인 관계나 사업이 잘 안 되어도 자기보다는 남의 탓을 먼저 한다.

종교계를 비롯해 사회 일각에서는 내 탓이요 운동을 벌인 적이 있다.

사촌이 논을 사면 배가 아프다는 속담도 이런 경우를 말하는 것일 것이다.

요즘 우리나라의 상류층에서는 운명 철학관을 찾는 사람이 많다고 한다. 옛날에는 실물失物한 사람들이 도둑점이나 치러

다니고, 재수 없는 사람들이 조상 천도하기 위해 박수무당을 찾았었다.

그러다가 아이들이 학교 들어가기 어렵게 되니까 입시점을 치러들 다녀 입시철이면 미아리 고개나 남산골이 어머니들로 붐볐다.

요즘은 우리 남편이 언제쯤 승진하겠느냐는 궁금증부터 언제 부자가 되겠느냐, 이 사업을 하면 성공하겠느냐, 이번 선거에 당선 되겠느냐까지 다양한 메뉴를 들고 운명 철학관을 찾는다.

심지어 우리 영감이 높은 사람 찾아다니는 줄을 잘 섰느냐는 것까지 물어 보러 다닌다.

일류 대학까지 나오고 박사 칭호도 가지고 있는 한 사장님은 아예 전속 운명 판단관을 두고 매일 모든 일을 그 도사님께 물어 보고 한다는 이야기를 듣고 실소를 감추지 못했다.

왜 모든 일을 자기 소신으로, 자기 책임하에 하지 않고 외부의 터무니없는 판단에 의지하려고 하는가?

이러한 풍조는 최근의 우리 사회가 건전한 방향으로 잘되어 가지 않기 때문에 일어나는 현상이라고 할 수 있다.

열심히 공부하고 실력 닦아보아도 소용없고, 부동산 투기나 하고, 높은 사람 뒤에 줄만 잘 서면 출세하는 사회라는 인식이 팽배하다.

그뿐인가. 같은 고향에 사는 사람이 출세했다든지 누구누구의 고등학교, 대학교, 심지어는 유치원 동창이라든지, 어찌어찌해서 사돈의 팔촌이 실력자와 통한다든지 하는 운명적인 일들이 사람의 일생을 좌우하는 경우가 많은 것이 오늘날 우리 사회의 병폐이다.

이렇게 되니까 더욱 운명의 신에게 기대는 경향이 높아졌다.

골프 스코어가 나쁜 것은 자기가 소질이 없다든지 연습을 하지 않았다든지 한 것에 이유가 있는 것이 아니고, 순전히 오늘 일진이 나쁜 때문이라고 생각하는 사람이 많아졌다는 것은 우리 사회가 그만큼 건전하지 못한 방향으로 가고 있다는 것을 의미한다.

골프를 즐기는 사람들도 스타일이 여러 가지인데, 이것도 사회풍조와 연관이 있는 듯하다.

필자의 친구 중에는 스코어는 전혀 의식하지 않고 호쾌한 스타일로 공을 날리고 정도正道를 지키기 위해 애쓰는 사람이 많다. 스코어는 좀 나쁘더라도 옆에서 보기에 속 시원하고 신사답게 여겨진다. 그러나 그 반대의 친구들도 많다. 스타일이 나쁘건 말건 아랑곳 않고 스코어를 줄이기 위해 정도를 어기는 경우가 여기에 속한다. 온 그린이 되지 않았는데도 볼품없는 스타일로 퍼터를 사용해 공을 홀에 붙이려고 애를 쓴다든지, 벙커에서 퍼터를 써서 공을 끄집어낸다든지, OB 내지 않기 위해 드라이버 대신 3번 우드를 쓴다든지 하는 친구들은 스코어가 대단히 좋아 내기에서는 위너가 될지 몰라도 인생에서는 낙제생이 될 수밖에 없을 것이다.

그런 사람들은 사회생활 스타일 자체가 보는 사람들을 답답하게 한다.

정도正道를 가고, 내 책임하에 사는 길, 그것이 골프나 사회생활의 떳떳한 길일 것이다.

롬멜과 장자

장자 달생達生편에 목계木鷄 즉, 나무로 만든 닭이란 말이 나온다. 이 말의 어원은 다음과 같다. 고대 중국의 어느 왕이 기紀라는 신하를 시켜 싸움닭 한 마리를 훈련시키게 했는데 수십 일이 지나 왕의 독촉을 여러 번 받고서야 겨우 닭 한 마리를 들고 왔다.

"이놈이 어느 닭한테도 이길 수 있단 말이지?"

왕이 묻자 기가 대답했다.

"이놈은 상대가 아무리 위협을 하고 덤벼들어도 의연하게 버틸 것입니다. 마치 나무를 깎아 만든 닭처럼 흔들리지 않을 것입니다.”

싸움에 이기는 방법은 먼저 검을 머지 않으며 함부로 설치지 아니하고 중심을 지켜야 한다는 뜻을 이 고사는 가르치고 있다.

우리 민족도 원래는 의젓하고 덤비지 않으며, 군자의 도를 지키는 민족성을 가지고 있었다. 물에 빠져도 개헤엄을 치지 않는다는 속담이 이를 잘 말해 주고 있다.

그러나 최근 우리 주변에서 일어나는 일은 이런 우리 민족성이 퇴색해버린 것 같은 감을 절실히 느낀다. 하루 2.4명씩 목숨을 잃는 교통사고 왕국이라는 통계가 이를 잘 말해 주고 있다.

교통사고가 많이 나는 것은 한 발자국이라도 남보다 앞에 나서야 한다는 '빨리빨리 문화'의 소산이라고도 할 수 있다. 신호를 기다리던 앞 차가 1초만 늦게 출발해도 경적을 요란스럽게 울리고 난리를 친다. 다른 차가 앞줄에 들어오면 마치 자기 땅을 빼앗긴 것처럼 참지 못한다. 양보의 미덕은 찾을 길 없다.

자동차뿐 아니다. 어디를 가나 앞질러야 하고 먼저 해야 한다. 이런 행동을 우리는 설친다고 한다. 도덕심이 없고 지혜가 없는 사람이 덤비는 사회는 사고투성이에 퇴보하는 나라가 될 수밖에 없다.

2차전 때 사막의 여우로 불려진 나치 독일의 명장 롬멜은 그의 회고록에서 자기 부하를 네 패턴으로 나누어 평을 했다.

첫째 머리가 좋고 부지런한 사람, 둘째 머리가 좋고 게으른 사람, 셋째 머리가 나빠도 부지런한 사람, 넷째 머리도 나쁘고 게으른 사람.

그런데 롬멜은 이 네 부류 중에 세 번째, 즉 머리는 나빠도 부지런한 사람은 절대로 중용하지 않았다고 한다.

그 이유는 머리 나쁜 사람이 설치면 일을 그르치고 사방에서 사고만 낸다는 것이다. 지혜가 모자라면 장자의 목계처럼 의연히 버티고 서 있는 편이 낫다는 뜻이리라.

롬멜의 용병술이 꼭 옳다고 나는 생각하지 않는다. 그러나 그는 우리에게 사람이 무슨 일이든 도모할 때는 여러 번 생각해 보고, 자신 없는 일을 함부로 행동에 옮기며 설쳐서는 안 된다는 것을 말하고자 한 것 같다.

《춘향전》은 악서인가

우리의 고전 《춘향전》은 우리에게 많은 교훈을 준다. 어떤 역경에서도 끝까지 지키는 여인의 정절, 한번 맺은 인연은 저버리지 않는 신의, 비록 연약한 여인일지라도 권력이나 폭력으로는 그 마음을 꺾을 수 없다는 진리, 그리고 악한 자는 반드시 벌을 받는다는 권선징악勸善懲惡의 추상같은 심판을 보여준다.

그러나 《춘향전》이 우리한테 이러한 긍정적인 면만을 보여주는 것은 아니다.

우리의 다른 고대소설에서도 더러 나타나는 인생관이지만, 특히 《춘향전》에서는 몇 가지 수긍하기 어려운 인생관이 숨어 있다.

첫째 출세 지향주의가 그것이다.

이 도령이 천신만고 끝에 과거에 장원급제한 뒤 남원에 내려와서 변 사또를 혼내 주는 일은 독자로 하여금 통쾌한 기분을 맛보게 한다.

그러나 이것이 꼭 긍정적인 면만을 보여주는 것은 아니라고 나는 생각한다.

과거라는 시험제도를 거쳐 벼락감투(?)를 쓰게 되면 갑자기 천하를 호령하게 된다. 과거라는 것이 무엇인가? 감투를 씌우기 위한 단순한 장치 아닌가? 물론 재능 있는 사람에게 기회를 주는 공정 사회의 한 구현 방법이라고 우긴다면 할 말은 없다.

시험지 한 장에 문장만 잘 쓰면 몇 시간 내에 어마어마한 감투를 쓴다.

그래서 그 시험지 한 장을 잘 쓰기 위해 모든 청소년들이 인생을 건다. 밑바닥에서부터 차근차근 한 계단씩 올라가는 성실한 소시민의 자세와 너무 비교가 된다.

요즘 행정 시험을 없애자는 주장이 나온 것도 이해할 만하다.

이러한 제도는 오늘날 우리에게 무엇을 남겨 주었는가? 각종 고시의 너무 큰 감투들은 이 도령의 장원급제와 무슨 상관관계가 있는 것은 아닐까?

내가 아는 사람 중에는 말단 공무원으로 들어가 장관까지 올라간 성실한 사람이 있다.

그러나 그런 계단을 버리고 옆길로 뛰어든 약삭빠른 사람들이 어느 사이 높은 자리를 다 차지하는 사회의 모순이 어디서 유래된 것일까?

그런 풍조가 부동산 투기로 하루아침에 졸부가 되는 인생관을 만들었는지도 모른다.

둘째, 암행어사가 된 이 도령이 제일 먼저 무슨 일을 했는가? 춘향을 수청들지 않는다고 감옥에 가둔 라이벌 변 사또를 봉고 파직하여 복수하는 일이다. 사랑의 라이벌에게 왕명을 빌어 통쾌하게 사적인 원풀이를 하는 것이다.

물론 소설에서는 변 사또의 악정을 낱낱이 고발하여 지방 자치 정치를 바로잡는 역할을 명분으로 내세웠다.

이런 사례는 오늘날 우리 주변에서 너무나 많이 목격된다.

누가 한자리 했다고 하면 사돈의 8촌까지 줄 대고 돈 대서 빌붙어 한자리한다. 기업은 망해도 기업주는 살찐다는 행태도 마찬가지다. 군수가 되면 다섯 명을 먹여 살리고 시장이 되면 열 명을 먹여 살린다는 은어가 나돌기도 한다.

감투를 쓰면 우선 애인 원수부터 갚고, 뒤로 재산이나 모은 뒤 남의 눈에 잘 띄게 봉사나 하는 체하는 처세술이 꼭 《춘향전》에서 본받은 것이라고 물론 말할 수는 없다.

셋째 변 사또의 사리사욕도 이 도령의 복수심과 그리 거리가 먼 것은 아니다. 감투를 이용해서 춘향이를 자기 사람으로 만들고자 한 것은 어쩌면 오늘날 우리 사회 부조리의 원조인지도 모른다. 비뚤어진 정치인, 공무원상이 여기에 잘 나타나 있다.

넷째 '사람'은 없고 '감투'와 '자리'만 있는 호칭의 남발이다.

변 사또, 암행어사, 이 도령, 방자 등 등장인물이 모두 감투의 이름으로 불린다.

햄릿은 왕자이지만 그냥 햄릿으로 불리고 맥베스는 장군이지만 그냥 맥베스로 불린다. 이몽룡은 몽룡이보다 도령이나 어사로 변 사또는 변학도보다 사또로 더 많이 불린다.

우리 사회는 예부터 직함이란 것에 너무도 연연했다. 옛날에 한 번 썼던 감투는 그 자리를 그만두어도 계속, 일생 동안 불린다. 죽은 후에 묘 비석에까지 정승에서 참봉까지 감투가 따라간다.

요즘도 국회의원을 한 번 지내면 평생 의원님이고, 상관을 한 번 지내면 평생 장관님이다. 한 번 회장은 영원한 회장이다.

이러한 '자리 신봉주의'는 물론 《춘향전》 탓만은 아닐 것이다.

바람과 갈대

갈대는 항상 바람에 시달리지만 뿌리가 뽑히는 일은 없다. 바람이 지나가고 나면 갈대는 언제나 그 자리에 서 있다.

권력과 언론은 어떻게 보면 바람과 갈대의 관계와 비슷하다. 아무리 거센 바람도 지나가면 그만이다. 스쳐가는 바람이 갈대의 뿌리를 뽑을 수 없듯이 권력이 언론을 흔들 수는 있지만 영원히 누워 있게 하지는 못한다.

제2차 세계대전 이후 한국의 언론사는 다양한 변화 속에서 발전해 왔다. 60여 년의 세월 동안 종류가 다른 권력의 바람이 언론을 향해 끊임없이 불어왔다. 해방 직후의 자유당 정권에서부터 한나라당 이명박 정권, 그리고 새누리당 박근혜 정권에 이르기까지 불어온 권력의 바람은 방향이 다르고 강도도 다양했다. 그러나 언론은 바람이 지나면 언제나 그 자리에 서 있었다.

권력과 언론은 항상 긴장 관계에 있지만 서로 보완하는 관계도 유지한다. 언론을 보는 권력의 시각도 정권의 주역마다 달랐다.

이승만의 자유당 정부는 언론을 속이는 일을 많이 했다. 철저하게 합법을 가장해 언론인을 통제했다. 장면의 민주당 정부는 언론에 주눅이 들어 있었다. 박정희의 공화당 정부는 비밀스러운 방법으로 언론을 공포의 세계로 몰아넣었다. 전두환의 신군부 정부는 언론인을 앞세운 정치로 겨우 살아남은 언론사를 살찌게 했다. 노태우의 보통 사람 정부는 언론 조직 내의 갈등을 조정할 능력이 없었다. 김영삼의 문민정부는 국세청을 동원한 고도의 기술적인 방법으로 언론을 흔들었다. 김대중의 국민의 정부는 시민 세력을 언론의 견제역으로 내세웠다. 노무현의 참여정부는 파퓰리즘에 도취되어 언로를 닫으려고 했다. 이명박 정부는 언론을 의식하지 않으려고 했다.

필자는 이승만 대통령의 자유당 시대에 언론에 발을 들여놓은 이래 50년간 현역으로 뛰었다. 짧지 않은 언론인 생활에서 느낀 바를 한마디로 표현하자면, '권력은 짧고 언론은 길다.' 는 것이다.

필자는 기자 초년병 시절 잠깐 동안 외근 기자를 한 것을 제외하고는 언론인 생활 대부분을 편집기자와 경영인으로 있었다. 편집부가 언론 전선의 후방인 것 같지만 모든 출입처의 뉴스 집산지고 언론 통제의 척추이므로 취재기자가 겪지 못한 일을 많이 경험했다. 어떻게 보면 지극히 개인적이고 사소한 일일 수도 있지만, 필자가 겪은 그 자질구레한 일들이 크게 보면 대한민국 언론 역사의 실상이요, 한 단면이기도 하다.

이 언론 전선의 후방에서 일하던 필자가 필화 사건으로 군법회의에 회부된 일이 있었다. 군 검찰관은 무기징역이나 사형을 구형할 것이라고 공공연히 엄포를 놓았다. 1962년의 일이었다. 그 후 1990년대에 이르기까지 여러 차례 권력 앞에 벌거벗은 채 벌 받는 일이 많았다. 그러나 그 서슬 시퍼렇던 군사 정권도 결국은 허약한 한 언론인을 어찌하지는 못했다. 역사가 지켜보고 있었기 때문이었다.

바람은 지나가고 갈대는 다시 제자리에서 일어선다.

PART 2

아름다운 여성의 3가지 조건

여성의 본질에 대해 임어당은 세 가지 요건을 이야기했다. 첫째 얼굴, 둘째 운명, 셋째 미덕이라고 했다. 잘못 생각하면 고루한 봉건시대의 여성관이라고 속단할 수도 있는 말이다.

여성의 아름다움을 이야기하자면 얼핏 생각하건대 이 세 가지 요소 중 첫째 얼굴에 대해 생각하는 사람이 많을 것이다.

예나 지금이나 여성의 아름다움은 눈에 보이는 육체에서 먼저 찾게 된다. 여성 자신들도 자신을 가꾸는 데 육체를 가장 우선적으로 생각하는 것이 자연스러운 일일 것이다. 물론 육체, 즉 육체를 대표하는 얼굴이 중요한 것은 두말할 나위가 없다.

그러나 육체는 변한다. 육체의 미에만 의존하는 여성이 있다면 그녀는 얼마 가지 않아 세월과 함께 시드는 육체에서 비애를 느낄 것이다.

남성의 입장에서도 마찬가지다. 미모만을 가장 앞선 조건으로 배우자를 선택했다면 일생을 사는 동안 3분의 2 이상의 세월을 후회하며 살게 될 것이다.

그러면 육체의 아름다움을 흐르는 세월 속에서 더 오랫동안 지켜주는 것은 무엇인가?

그것은 임어당이 말하는 '운명'과 '미덕'이다.

여기서 말하는 운명이란 여자가 여자로 태어난 것을 인식하자는 뜻일 것이다. 여자는 여자의 일이 있고 이 일에 순종할 때 참다운 여자의 길을 찾는다고 한다면, 그 무슨 가당치 않은 남녀 차별주의를 이야기하느냐고 할지 모른다. 그러나 여자는 여자다. 남자가 낳을 수 없는 아이를 낳을 수 있는 것이 여자다. 그뿐 아니라 여자는 여자 특유의 정서를 가지고 있다. 남자가 도저히 따라갈 수 없는 섬세함과 델리케이트한 감성을 가지고 있다.

여자는 이러한 '운명'을 가지고 태어났다. 이 운명을 어떻게 아름답게 가꾸느냐 하는 것이 과제일 뿐이다. 가꾸어 놓은 운명은 세월이 가도 육체처럼 퇴색하지 않는다.

다음, 미덕에 대해 생각해보자. 미덕이라는 용어 자체가 봉건적인 냄새가 난다면 다른 말, 사고思考, 행동行動이라고 바꾸어 생각해 보자. 이 요소야말로 여성을 가장 여성다운 아름다운 여인으로 변신시키는 역할을 하게 된다.

프랑스 고전 문학 속에서는 흔히 대조적인 두 여주인공을 내세운다. 프레보의 작품 《마농 레스코》의 마농과 발자크의 《골짜기의 백합》의 모르소프 백작 부인이 대조적인 두 여인이다.

마농 레스코는 우리가 잘 알다시피 의지가 약하고 유혹에 잘 넘어가 정조가 헤픈 여자의 상징처럼 되었다.

그러나 모르소프 백작 부인은 나이 많고 병든 남편과 아이들을 돌보면서 착하고 젊은 청년의 사랑 고백을 받지만 정절을 지키며 이를 거부한다. 죽은 뒤에 여인의 순정을 알게 된 청년은 그녀를 깊은 골짜기에 핀 한 송이 순결한 백합과 같다고 생각한다.

이 두 여인은 모두 미모를 갖춘 여인들이다. 그러나 그녀들은 외모의 미로 평가되지 않는다. 그들이 어떻게 사랑했으며 어떻게 생각하고 행동했느냐에 따라 평가된다.

여자에게 있어서 외모의 아름다움은 물론 중요하다. 영국의 작가 서머세드 모음은 외모가 아름다운 여자는 쓸모없는 남지기 데

려간다고 극단적인 미녀 회의론을 이야기했다.

이런 경우의 이야기는 얼굴만 아름답고 속은 텅 빈 경우를 말함은 물론이다. 미모와 재주와 부덕과 지적 아름다움을 갖춘 여인이 된다면 그보다 좋은 일은 물론 없을 것이다.

어느 철학자는 남자들이 이상적으로 여기는 여자란 미모에다가 지적이고, 낮에는 숙녀, 밤에는 요녀, 그리고 사회생활에선 능력 있는 여자이고 때로는 톡톡 쏘는 듯한 개성을 가진 여자라고 한다. 아마 세상에 이런 여자가 있는지 모르겠다.

우리 역사상의 여인상을 말한다면 신사임당申師任堂과 같은 부덕에다, 황진이黃眞伊 같은 섹시함, 춘향春香이 같은 절개, 허난설헌許蘭雪軒 같은 재원, 거기다 18세기 여류 학자 임윤지당任允摯堂 같은 지성을 갖춘 여자가 있다면 가장 이상적인 여인일 것이다.

세상에는 이런 여인은 없다. 우리가 만나는 많은 여인들은 보통의 여자들이다.

외모의 아름다움은 젊은 시절 한때의 꽃으로 끝나는 경우가 많다. 나이 들어갈수록 외모의 아름다움보다는 내면의 아름다움이 그 사람을 평가하는 기준이 되는 것은 두말할 나위가 없는 것이다. 미모로 사랑받는 신혼의 아내는 잠깐이요, 어머니로서, 생활의 내조자로서, 좋은 이웃집 아주머니, 할머니로서의 인생이 훨씬 길고 진지하다.

보통의 여자라면 일생을 사는 동안 어떻게 살아야 할 것인가는 자신의 선택에 달려 있다.

가장 싫증나지 않고 가장 튀지 않고 가장 꾸준한 모습으로 가장 평범하게 사는 것이 아름다운 여자의 일생이 아닐까?

세대 차이

40대 초반의 ㅎ씨는 그런대로 성공한 샐러리맨이었다. 시골 출신으로 서울까지 유학을 와서 부모님이 부쳐주는 돈으로 어렵게 하숙을 하며 일류는 못 되어도 그런대로 이름 있는 대학을 나와 전자제품 회사의 영업 사원으로 들어가 부지런히 뛴 덕분에 지금은 팀장 자리까지 오르게 되었다. 그동안 장가도 들고 열심히 주택 부금을 부어 서른두 평짜리 아파트도 마련했다. 아이들도 그런대로 속 썩이지 않고 잘 자라 주어 큰놈은 지금 고등학교 1학년이고 둘째 계집아이는 중학교 1학년이다.

ㅎ씨는 아내와 의논한 끝에 시골에 계시는 부모를 서울로 모시

기로 하고 좁은 아파트에서 3대가 함께 산 것이 이태나 되었다.

처음에는 아파트 생활이 불편해 다시 시골로 가겠다고 하던 부모들도 차츰 도시의 새장 생활에 익숙해졌는지 요즘은 그런 이야기를 입 밖에도 내지 않는다.

주거 생활은 그런대로 견딜만하다고 하더라도 노인네의 입맛만은 영 고치기가 어려웠다. ㅎ씨의 아내가 가끔 별미랍시고 카레라이스를 만든다든지, 샤벳을 만든다든지 하면 아이들은 좋아 펄펄 뛰지만 노인네들은 입에도 대지 않는다.

지난봄 어버이날이던가. ㅎ씨 집 식구가 엄마만 빼고 몽땅 외출을 했을 때의 일이었다. ㅎ씨의 소형 승용차에 다섯 명이 타고 과천 대공원에 갔다가 차에 밀려 거의 한나절을 다 보내고 되돌아서서 나왔다. 웬 사람들이 그렇게 몰렸는지 차 구경만 하다가 시내로 들어왔다. ㅎ씨는 시간이 벌써 오후 3시인데 그때까지 자동차 지옥에서 빠져나오느라고 굶었다는 것을 뒤늦게야 깨달았다. 아이들이나 노인네들도 배가 고팠겠지만 참고 있었을 것이다.

ㅎ씨는 적당한 식당을 찾으려고 두리번거렸다. 그런데 여기서 문제가 생겼다.

"아빠, 우리 빵집에 가요."

이건 막내 딸아이의 말이다.

"피자가 좋아요. 시원한 콜라 하고 먹으면 값도 싸요."

이건 고3 아들의 희망이었다.

"아버님은 뭘 하시겠어요?"

ㅎ씨가 뒤에 앉은 노인네들을 보고 물었다.

"얘, 거 사골 국물 잘 울궈낸 설렁탕집 어디 안 보이니?"

이건 어머니의 말씀이고.

"아냐, 시원한 냉면이 좋아."

아버님의 희망은 이러했다. ㅎ씨는 몹시 난처해졌다. 노인네들의 희망대로 하자면 무슨무슨 관이라는 한식집에 가면 해결된다. 그러나 모처럼 즐거운 날이라고 깡충거리며 나온 아이들은 어떻게 한단 말인가.

이 음식 기호의 차이는 간단한 '기호의 차이'만이 아니다. 세대의 차이요, 사고방식의 차이다.

이럴 경우 40대의 ㅎ씨는 자기 세대가 가장 애매한 위치에 놓인다고 생각한다. 자기의 2세들은 이미 감각이나 미각이 글로벌화의 길에 들어섰다. 그러나 그 세대가 존경하고 모셔야 할 부모세대는 전혀 딴 세계에 살고 있다.

ㅎ씨는 이 양쪽 세대의 틈바구니에서 조화를 이루기 위해서는 타협하고 설득하는 지혜를 늘 길러야 하는 부담이 하나 더 있다는 생각을 하며 혼자 중얼거린다.

"설렁탕집에서 파이나 빵을 함께 팔면 장사 잘될 텐데…."

앞치마 아들과 드라마 보는 사위

외교관 생활을 오랫동안 하다가 은퇴한 남 선생의 이야기.

남 선생은 나이 들어가는 동안 장성한 아들을 장가보내 새 며느리를 보았고, 딸도 시집을 보내 사위를 두었다.

어느 휴일.

아들이 새 살림을 차리고 사는 임대 아파트에 불쑥 들렀다. 요즘 젊은이들은 비록 부모라도 예고 없이 방문하는 것을 좋아하지는 않는다. 그러나 남 선생은 자기 시절 생각만 하고 '내 아들 집인데.' 라고 생각하며 불시에 찾아갔다.

"아빠, 오셨어요? 웬일이세요?"

아들이 부엌에서 앞치마까지 두르고 불쑥 나왔다. 밀가루 반죽을 하고 있었는지 손에는 허연 가루가 잔뜩 묻어 있었다. 남 선생은 아버지가 아들 집에 왔는데 '웬일은 무슨' 하고 생각했으나 그냥 참았다.

'못나긴…. 사내 녀석이 부엌에 들어가 요리나 하고 있다니.'

남 선생은 이런저런 못마땅한 점이 많았으나 또 참았다.

그때 방안에서 홈웨어 차림인 며느리가 나왔다.

"아버님, 오셨어요? 오빠가 파이를 참 잘 만들어요. 아버님도 좀 드세요. 입맛이 나실 거예요."

며느리는 못마땅한 아버지의 표정은 아랑곳하지 않고 호들갑을 떨었다. 남 선생은 남편을 오빠라고 부르는 것도 마땅치 않았다. 얼마 전에는 자기, 아빠라고 부르더니 이제 오빠가 되었다.

명칭도 그렇지만 자기들이 좋아하는 파이를 60대가 훨씬 넘은 시아버지도 좋아할 것이라고 단정하는 말투도 마음에 들지 않았다.

남 선생은 아들이 쉬는 날 앞치마나 두르고 파이나 만들고 있고, 며느리는 편안하게 앉아 텔레비전이나 보고 있는 모습이 몹시 못마땅했으나 그냥 참고 넘겼다. 얼마나 애지중지 귀하게 키운 외동아들인데 제까짓 게 부엌일이나 시킨단 말인가?

남 선생은 파이는 한 조각도 입에 대지 않고 아들네 집을 나왔다.

그길로 위안이나 좀 받으려고 착하다고 소문난 딸네 집으로 갔다. 거실에 들어서자 소파에 비스듬히 기댄 사위는 커피 잔을 들고 텔레비전을 보며 빈둥대고 있다가 벌떡 일어섰다. 코미디 프로나 연속극을 보고 있었던 것 같다.

딸은 부엌에서 찌개 끓이고 밥 짓느라고 정신이 없었다. 등에는 보채는 갓난아기도 업혀 있었다.

그 풍경을 보자 남 선생은 또 화가 치밀었다.

'내 딸은 저렇게 고생을 하는데, 사위란 녀석은 빈둥거리며 쳐다보지도 않다니. 아기를 봐 주든지 부엌일을 거들든지 무엇인가를 해야 하지 않는가.'

이런 생각을 하던 남 선생은 갑자기 입가에 웃음을 띠었다.

'저 사위가 내 아들이었다면….'

서로 바뀐 역할을 두고 모순된 생각을 했던 자신이 우스웠다.

그래서 이기적이고 간사한 부모의 심성을 다시 깨달았다.

외국에서 반평생을 보내 다른 나라 생활 습관에 익숙한 남 선생이지만, 한국인의 아버지들이 가지는 평균적인 생각에서 벗어나지는 못했다.

사위도 자식이라는 속담은 빈말이란 말인가?

총독부의 결혼식 가이드

결혼 비용이 너무 많이 든다는 걱정이 사방에서 들린다. 어느 신문은 매일 특집을 만들어 호텔 결혼식, 억대의 호화 결혼식, 엄청난 혼수 비용과 그에 따른 갈등을 특집으로 보도하고 있다.

호화 결혼식을 추방하자는 운동은 이번이 처음은 아니다.

정부는 1969년 '가정의례준칙' 이라는 것을 만들어 강제로 검소한 결혼을 요구했다. 정치인이 무차별 청첩장을 배포하다가 경고를 받는가 하면 100명 이상에게 음식 대접을 한 혼주가 경찰의 조사를 받기도 했다. 화환도 몇 개 이상은 진열하지 못하게 했다. 이느 정도 검소한 결혼식이 정착되는가 싶었다. 그러나 차차 이 단속은 허물어지고 마침내 1999년엔 자율에 맡긴다며 정부가 물러섰다.

얼마 전 신문에는 여성가족부에서 '신가정의례준칙'을 발표했다. 경건한 예식, 청첩장 남발 않기, 예물 예단의 간소화, 결혼식장을 공공장소로 하자는 안을 내놓았다. 그러나 내부 권장사항이라고 한다.

그럼 옛날에는 어떠했는가?

조선 시대에는 물론 신부 집에서 검소하게 진행했다. 다만 엄격한 절차와 격식이 번거로웠을 뿐이다.

마침 내가 가지고 있는 희귀본 중에 《가정의례준칙》이라는 1934년에 발간된 책이 있다. 지금부터 80년 전 반포된 이 준칙의 반포자는 조선총독으로 되어 있다.

여기서 정한 결혼식은 어떻게 되어 있었는지 참고로 살펴본다.

혼례

1, 혼인연령 - 남자 20세, 여자 17세 이상으로 함.

2. 약혼 - 사주(신랑 신부의 성명 및 생년월일시를 쓴 것)를 교환함

3. 연길涓吉 - 신부 집에서 혼례의 날을 택하여 신랑 집에 통지함.

(주의) 도혼道婚, 군혼郡婚을 과시하는 사상을 타파함. 일평을 폐함

4. 납폐 - 폐는 청홍 2단으로 함.

혼주(할아버지, 아버지 등)는 별지 문례에 준하여 폐와 함께 함에 넣어서 사자使者로 하여금 신부 가에 보내게 함.

신부 가에서는 사자를 문전에서 응접실에 안내함.

사자는 함을 탁자 위에 놓고 절을 함.

혼주는 답례하고 함을 연다.

혼주는 별지 문례에 준한 회답문을 작성하여 사자에게 줌.

사자는 이것을 받아 신랑 가로 감.

신랑 가에서는 사자를 문전에서 맞이해 응접실로 안내함.

사자가 가져온 회답 문을 탁자 위에 놓고 절을 함.

주인이 답례 후 개함.

(주의) 폐(幣 비단)는 자가 염직물로서 하는 것이 정이 깃든다.

주단, 포목, 금전을 보내는 것을 금함.

신부 집이 가난한 경우에는 혼가에서 돕는 의미로 물품 기타 약간의 금전을 폐 이외에 교부함노 무방함.

5. 초례 – ① 장소 (가) 신랑 가 (나) 신사 (다) 사찰 또는 교회

② 의식 (가) 신부 가에서 거행할 때는 다음과 같이 함.

신랑은 당일 출발 전 성장(조선복은 바지 이상, 일본식은 문부紋附 이상 양복은 모닝) 이상을 입고 부모님 앞에 나아가 교훈을 받고 안부(목기러기를 안은 안내인)를 선두로 친영(신부 집에 가는 것)에 오름.

신랑 집 남자 존속 한 사람이 수행함.

접대자 문전에서 이들을 영접함.

신랑은 접대자의 선도로 별실에서 쉼.

이때 방안의 중앙에 교배석을 설치하고 탁상에 술과 과일 및 합근 배(신랑 신부가 함께 술을 마실 잔)를 둠.

신랑은 접대자의 선도로 존안의 예를 행하고 교배석에 나아가 서쪽을 향하여 섬.

신부는 당일 성장(조선복은 저고리, 치마 이상, 양복은 웨딩드레스 이상)을 하고 수모壽母의 선도로 교배석에 나아가 동쪽을 향해 섬.

(주의) 신부의 얼굴 가림을 폐함.

근친자 둘러섬.

신부 재배함.

신랑 재배함.

수모주를 합근배에 부어 신랑 신부 간에 3회 교환하게 함.

신랑은 접대자의 선도로 신부의 양친, 기타의 존속친에게 절하고 별실에서 휴식.

신부는 이 동안에 양친의 무릎 앞에 나아가 절하고 교훈을 듣는다.

신부는 신랑의 선도로 우귀(于歸 신랑 가에 가는 것)의 길에 나섬

(주의) 우귀는 초례 지난날로부터 3일 이내

신부의 존속 중 1인이 수행함.

신부의 양친 기타 친족은 문밖에서 전송함.

이후 시집온 신부는 시가에서 간략한 절차를 끝내고 친지를 불러 간단히 축연을 갖는다고 되어 있다. 초대하지 않은 손님은 받지 말라고 했다.

이때의 결혼 절차를 보면 참으로 간소하고 검소하다. 그러나 복잡하고 엄숙한 절차로 인륜지대사임을 분명히 하였다.

신부 집이 가난하면 신랑 집에서 조금은 도와줄 수도 있다고 했

다. 더구나 예물로는 집에서 짠 베(폐)를 보내고 주단이나 포목, 돈은 금한다고 했다. 손님 접대도 숫자를 줄이고 절도 있게 행하도록 권장했다. 비록 일본 총독의 이름으로 되어 있으나 한국 전래의 전통적 방식을 대체로 따른 것이라 볼 수 있다.

이러한 좋은 관습이 왜 요즘처럼 물질만능주의의 희생물이 되었는지 안타깝다. 비록 일제 강점기의 준칙이지만 돈 잔치를 일삼는 요즘에 본받을 점이 많다.

나는 아내를 질투한다

불교에 조예가 깊은 아내 덕택에 우바이가 불교에서 쓰는 사부대 중의 여성 불자라는 것도 안다. 원래 불교에 대해 문외한인 나는 아내가 읽는 책, 전화하는 내용 등을 곁에서 들으면서 서당 개 풍월을 좀 할 줄 안다. 그러나 아내의 경지에 이르는 것은 요원한 일이라고 생각한다. 5년 전 아내가 불교에 대해 처음 펴낸 책 《붓다의 상담》을 보고 나는 기가 팍 죽었다. 상담에 대해 무엇을 끄적인다(실례)기에 어설픈 글이나 하나 쓰는 줄 알았는데 그것은 나의 큰 착각이었다. 우선 600페이지가 넘는 그 방내한 분량에 놀라고, 두 번째 상당한 깊이에 이른 불교의 이해.

그리고 정연한 연구 논리에 감탄했다.

나의 아내는 아내이기 이전에 나에게는 동료요, 조력자요, 경쟁자이다. 오래전 거액의 상금이 걸린 어느 현상 공모 소설에 아내가 당선되었고, 그 공모에 내가 심사위위원이었던 인연으로 아내를 만나게 되었다. 나는 그때부터 아내의 심상찮은 필력은 작가인 나에게 무서운 경쟁자가 될 것이라는 예감이 들었었다.

아내를 작가만으로 설명하기는 너무 부족하다. 학자이며 행동가이다. 학문을 파고드는 그 집중력은 어떠한 어려움도 그를 당해낼 수 없다. 내가 언론계에 몸담고 있으면서 형언할 수 없는 어려움을 많이 겪었으나 아내는 지혜와, 침착, 신앙심으로 나를 지켜주었다. 그러면서도 항상 자신이 누구며 무엇을 해야 한다는 것을 잊지 않았다. 그 신념과 노력으로 오늘날, 중견 작가, 상담 전문가, 신실한 불자, 학자, 그리고 교육 지도자의 일가를 이루었다.

그러나 아내는 그런 세상의 모든 일이 나에 대한 한없는 사랑에 비유한다면 아무것도 아니다. 아내와 나는 서로 일상에 바쁘기 때문에 같이 있을 시간이 많지 않다. 그러나 공간은 서로 다른 곳에 있더라도 시간은 항상 같이 있다.

몇 년 전 개인 사정으로 근 1년 동안 해외에서 생활한 일이 있다. 두 사람 외에는 아무도 아는 사람이 없는 낯선 이국이었다. 두 사람은 거의 24시간을 함께 지냈다. 그러나 함께 있으면서도 두 사람은 항상 같이 있는 시간이 모자랐다. 그곳에서 내가 학교에 나닐 때였나. 아내는 아침에 샌드위치나, 김밥 도시락, 보온병을 책가방에 넣어주며 같이 식사를 못해 미안하다고 늘 말했다.

그러나 그 일도 며칠 가지 못했다. 점심 시간에 혼자 학교 앞 공원에 가서 도시락을 꺼내자 아내가 방긋 웃으며 내 앞에 와서 섰다. 그렇게 반갑고 사랑스러울 수가 없었다.

"당신이 혼자 쓸쓸히 식사하는 모습을 상상하니 불쌍해서 도저히 그냥 있을 수 없었어요."

하면서 가지고 온 과일을 깎았다. 그 이후 조국에 돌아올 때까지 아내는 그 일을 멈추지 않았다.

그곳에 있는 동안 아내는 틈틈이 인터넷을 통해 영어 공부도 하고 심리학 공부도 했다. 서울에 다녀오는 사람이 있으면 먹을 것, 입는 것보다 신간 소설, 심리 상담에 관한 책 한 권 가져다주기를 소원했다.

아내는 노력하는 학자형이고, 어릴 적부터 역경을 이기는 체질로 자라왔다. 그래서인지 아내의 역경에 대한 돌파력과 정확한 판단력은 온 가족에게 용기와 기회를 늘 가져다주었다. 아내는 이러한 자신을 돼지띠라서 저돌형이라고 농담했다.

내가 작품을 쓸 때는 항상 아내의 감수를 거쳐 출판하거나 내보냈다. 아내의 손을 거친 작품은 수십 년 신문기사와 소설을 써온 나를 감탄하게 한다.

'곁에 있어도 그립다.' 고 하는 어느 시인의 말처럼 우리는 곁에 있어도 정말 서로 그리워하며 살았다. 사는 동안에 아무리 어려운 난제가 있더라도 아내 얼굴을 보면 아무 걱정이 없다.

요즘도 아내는 자정이 넘도록 서재에서 글 쓰고 공부하고 교재 준비를 한다. 나는 열심히 사는 아내를 지켜보기 위해 별로 할 일도 없으면서 서재에 마주 앉아 흐뭇한 시간을 보낸다. 이럴 때는 아내를 질투하기도 한다. 나보다 훨씬 문장력이 좋고 아는 것도 많고, 그리고 세상을 바로 보는 눈을 가졌다. 그뿐 아니라 세상에서 제일 예쁜 여자다.

우리는 사는 동안에 한 번도 의견 충돌이 없었다. 절대 부부싸움을 하지 않는다고 하자 모두 거짓말이라고 했다. 한 사람이 제안하면 집안을 시끄럽게 하지 않기 위해 반대를 하지 않는 '부부 평화 유지법' 과 우리는 전혀 다르다. 한 사람이 제안하는 말은 상대방이 똑같이 생각했던 일이다. 크게는 진로를 결정하는 일에서부터 커피가 생각나는 타임까지 두 사람은 늘 신기할 정도로 일치한다.

주말에 어느 시골을 방문해야겠다고 생각하면 누가 먼저 말을 꺼냈던 간에 두 사람은 그 생각을 동시에 하고 있었다는 것을 서로 알고 그 신기함에 깜짝 놀랄 때가 흔하다

부부가 왜 싸워야 하는지 우리는 이해하지 못한다. 이쯤이면 공치기의 황제쯤 되나.

우리가 서로 진심으로 가끔 다짐하는 말이 있다.

"나보다 먼저 죽으면 당신 가만 두지 않을 거요."

드라마의 뻔한 스토리 10계戒

흔히 안방극장이라고 불리는 TV드라마는 우리 일상생활의 한 부분이 되었다. 전날 드라마를 보지 않으면 이튿날 모임에서 따돌림을 받는 것 같은 기분이 들 때도 있다.

각 TV방송채널마다 드라마에 목을 매는 듯하다. 오나가나 '시청률, 시청률' 을 외친다. 시청률이 광고와 직결되기 때문일 것이다.

시청률을 높이기 위한 경쟁은 상상을 초월하는 것 같다. 마침내 '막장 드라마' 라는 것이 등장하고, 방송 심의위원회의 매서운 회초리를 받기도 한다. 그러나 그런 불이익을 무릅쓰고 드라마는 막장으로 계속 달린다.

요즘 드라마는 니 나 할 것 없이 식상한 패턴을 되풀이한다.

뻔한 애정의 삼각 갈등, 재벌가의 막장 드라마, 부도덕 퍼레이드가 대표적이다. 재벌가의 구성원들은 기업 경영은 간데없고 비리와 불륜만이 판을 친다.

진부한 등장인물의 설정, 동일한 스토리의 반복은 드라마가 처음 생긴 이후로 한 번도 벗어나지 못하고 있다.

이제 우리 드라마도 낡은 틀을 벗고 자유분방한 스토리의 벌판으로 달릴 때가 되지 않았을까?

우리 안방 드라마가 벗어던지지 못하고 있는 식상한 장면을 한번 정리해 보았다.

❶ 출생의 비밀 – 모든 드라마의 주제는 출생의 비밀을 다룬다. 출생의 비밀을 다룬 유형을 보면 대략 다음과 같다.

① 아버지가 혼전에 낳은 아이가 불거진다.

② 이모가 사실은 엄마인데 숨기고 자라난다.

③ 숨겨둔 자식이 재벌가 상속자로 등장한다.

④ 자주 등장하는 인물이 사실은 자기 핏줄인데, 시청자는 다 아는데 본인들은 모른다.

❷ 주인공의 집안은 언제나 대식구다. - 여러 식구가 모여 산다. 부모, 자식 외에 시집갔다 사정이 있어 친정에 붙어사는 고모나 이모가 자주 나온다. 하다 못해 하숙생이라도 나온다.
(이런 특성은 드라마의 대화 상대가 필수적이기 때문에 설정하는 것 같다.)

❸ 교통사고와 병원 입원실은 필수품 - 스토리가 딸리면 교통사고가 나거나 불의의 사고로 병원 입월실이 틀림없이 몇 번 나온다.

❹ 스토리 전개 장면은 거의가 밥상 앞이나 침대 위다. - 밥 먹으며 하는 대화, 침대에 누워서 하는 대화, 거실에서 TV보며 대화하는 장면이 주조를 이룬다.

❺ 실연하거나 슬픈 장면의 필수 장면 - 여자가 실연해서 혼자 걷거나, 자기가 엄마라고 밝히지 못하고 돌아오는 길은 반드시 비가 주룩주룩 내리는데 주인공은 우산도 없이 하염없이 걷는다.

❻ 회사나 모임에서의 엇갈림 - 회사나 중요한 모임 등에서 두

사람이 서로 만나면 모든 게 끝나는 스토리인데 반드시 5초 차이로 서로 못 만난다. 그러나 일을 꼬이게 하기 위해서는 일어날 수 없는 우연을 남발한다.

❼ 재벌가는 반드시 후계자 싸움이 일어난다.- 장남은 멍청하고, 차남, 삼남은 간교하거나 똑똑한 구도로 재벌가가 형성된다. 반드시 서로 기밀을 내서 싸운다.

❽ 사극에서는 반드시 어린 시절이 처음에 나온다. - 이 장면에서 아줌마들의 눈물을 자아내야 성공한다고 생각하는 것 같다.

❾ 툭하면 기억상실증에 걸린다. 그게 그렇게 흔한 병인가?

❿ 부잣집 거실에는 반드시 2층 계단이 보인다. 반대로 가난한 집 마당가에는 반드시 수돗물이 있어 거기서 세면한다.

이런 천편일률적인 공식에서 벗어나 좀 신선한 스토리로 시청자를 끌어갈 혁명은 진정 없는가? 안방과 거실과 식당과 침실만 오가는 장면에서 탈출할 수는 없는가?

주인공들이 활달하게 액션을 보여주는 야외무대는 그렇게 만들기가 어려운가?

교통사고 아니면 사고가 없나?

좀 더 선이 굵고 파격적인 결말을 부르는 작가가 우리나라에는 없단 말인가? 시청자들은 이제 출생비밀 놀이와 재벌 상속 싸움에 모두 지쳤다. 친정에 쫓겨온 고모의 잔소리 듣기에도 질렸다.

따지지 말자

요즘 노자老子 연구가 곳곳에서 인기를 끌고 있다. 노자 철학의 기본을 여기서 이해하자는 것은 아니고 그의 《도덕경》 중에 수數에 관한 구절이 있어 인용하고 나대로 해석을 해 본다.

'수차무차(數車無車 혹은 '수거무거')'

나대로 해석을 해 보면 첫 단계는 수레를 자꾸 헤아리면 수레가 없어진다는 뜻이다. 그러니까 수레를 있는 그대로 두고 따지지 말라는 뜻이 될 것이다.

둘째는 자기의 존재를 자꾸 과시하지 마라는 뜻으로 해서할 수 있다. 자기의 존재를 드러내지 않는 것은 서양 사상에서는 이해하기 힘든 이야기다. 실존주의는 '나는 생각한다 고로 존재한다.' 고 했다. 존재의 과시는 근대 철학의 주류일지 모른다. 그러나 노자의 이 사상은 우리에게 여러 가지를 생각하게 한다.

'수차무차' 사상의 배경에는 노자 사상의 핵심인 '도이허정위체道以虛靜爲體' 가 있다. '도' 는 고요하고 아무것도 없는 것이라고 직역할 수 있다.

세상이 각박해지면 사람들이 이해에 민감해진다. 모든 것을 계산 위에서 이루려고 한다. 우리 학문의 세계에서도 '학문을 위한 학문' 을 오히려 경시한다. 학교를 졸업한 뒤 취직이 잘되기 위해 있던 학과나 학교의 이름을 바꾸기도 한다. 그러나 기초 학문의 위에서 실용학문, 계산된 학문이 발전할 수 있다.

물론 발전해 가는 첨단 학문을 따라가기 위해 더러는 그러한 일이 필요하겠지만 그런 일이 너무 계산적일 경우가 많다.

우리의 민족성은 원래 '계산적' 이 아니었다. 우리의 수數 개념은 그렇게 야박하지 않았다. 한두 개, 두서너 개, 대여섯 개, 예닐곱, 심지어는 서너대여섯 개라고도 한다. 명확하게 하나면 하나고 둘이면 둘이지 두서너 개라니 이 무슨 애매모호한 말인가.

그러나 이것이 우리 민족의 정서다. 야박하지 않고, 똑 떨어지지 않고, 자기를 드러내지 않는 겸손함이 우리의 생활 태도이다.

수리에 밝지 못하다는 것은 현대 사회를 살아가는 데 불편함 중의 하나일 것이나. '나는 숫자를 잘 모르게 때문에….' 라는 것은 물론 통하지 않는 말이다. 낭만을 즐기던 우리 선배 문인들 중에는 돈을 헤아리지 못하는 것을 자랑으로 내세우는 사람도 있었다. 더 거슬러 올라가면 돈을 헤아리는 상인들은 양반 축에 들지 못했다. 수리에 초연한 정도가 인격의 척도가 되기도 했다

지난번에 사회 저명인사 5백여 명이 모여 '낭만파 클럽' 이라는 것을 만들었다. 이 시대의 낭만을 아는 자칭 '낭만파' 는 다 모이라는 멋있는 기치를 올렸다.

그 클럽의 발기인들이 내놓은 선언문을 보면 '따지지 말자.' '호주머니를 보고 사귀지 말자.' 는 구절이 들어 있다. 이 정신이야말로 진짜 '수차무차' 가 아닐까.

우리 담탱이 레알 병맛

우리말이 오염되었다거나 변질되었다는 말을 우리는 많이 들어왔다.

외국어에 의해 오염되고, 산업사회의 영향으로 변질되었다고도 한다.

해방 이후 서구의 언어가 무분별적으로 침투해 일본식 언어와 섞여 우리말의 잎사귀를 갉아먹은 것은 사실이다. 첨단 기술이나, 새로운 사상들은 모두 외국어를 싣고 들어왔다. 국어사전에는 매년 새로운 단어가 실려야 할 판이다.

문명과 문화를 받아들이자면 부득이한 일이라고 할 수도 있겠지만, 그것을 자기 나라말로 소화시켜 받아들인 나라들도 많다. 중국에서는 외래어나 외국 상표를 모두 한자의 뜻풀이와 연관시켜 사용한다. 발음만 가져다 쓰지는 않고, 최소한 비슷한 의미를 부여하려고 노력한 흔적이 보인다.

언어란 살아 있는 물건이기 때문에 시대의 흐름에 따라 생겨나기도 하고 사라지기도 한다.

그러나 외부적인 요인에 의해서만 우리말이 변질되고 타락하는 것만은 아니다. 대가족 사회에서 핵가족 사회로 바뀌면서 변화한 말도 많다.

인터넷이나 휴대전화의 보급과 함께 언어나 문자가 변질되고 신생어가 탄생하기도 한다.

실제로 인터넷 댓글에서나, 젊은이들의 휴대전화 문자 통신에서는 엄청난 말의 혁명, 생성과 소멸이 일어나고 있다.

이제는 젊은 사람들뿐 아니라 모든 사람의 공통어로 쓰이는 '오빠'는 도대체 어디서부터 헷갈리는지 알 수가 없다. 진짜 오빠인 손 위 남자 형제는 이제 다른 단어로 불러야 구분이 될 판이다.

"우리 오빠가…."

"어느 오빠? 한방 쓰는 오빠?"

"아니, 우리 엄마 큰아들."

이렇게라도 해야 알아들을 판이다.

남편을 지칭하는 호칭이 '임자' 에서 '당신' 으로, '여보' 로 바뀌다가 '자기' 에서 이제 '오빠' 로 통일된 것 같다.

'뒷간' 이 '변소' 또는 'WC' 를 거쳐 '화장실' 로 갔다가 이제는 문자가 아닌 남녀의 그림으로 바뀌었다.

'운전수' 는 '기사' 로 '보험 아줌마' 는 '보험 설계사' 로 '간호부' 는 '간호원' 을 거쳐 '간호사' 로 '복덕방' 은 '부동산 중개업소' 로 바뀌었다. 언어는 생물이기 때문에 자라고 소멸하고 변하는 것을 실감할 수 있다.

요즘 신문에 자주 등장하는 '사법처리' 란 말이 있다. 범죄 혐의가 있는 사람을 법적으로 조치한다는 뜻이다. 전에는 '철퇴鐵槌', '철창鐵窓', '쇠고랑' 이라는 단어를 썼던 것 같다.

나도 무심코 어미語尾 '같다.' 라는 말을 쓰고 보니까 말의 타락에 물든 것 같다.

'—같다.' 는 말은 원래 자신이 없을 때 말을 흐리는 의미를 가진 것이었다. 그러나 어느새 '같다.' 는 모든 언어의 어미가 되다시피하였다.

"그게 좋을 것 같아요."

"아픈 것 같아요."

"좋은 것 같아요."

심지어 자기가 명확하게 한 행동에 관해서도 '같아요.'를 쓴다.

"내가 오늘 아침 지각한 것 같아요."

"슬픈 것 같아요."

"내가 막내인 것 같아요."

슬프다고 명확하게 표현할 수 있는 것을 꼭 남의 이야기를 추측해서 하는 것처럼 하는 것은 고쳐야 할 언어 습관이다.

세상이 복잡해지고 이해관계가 첨예화되다 보니까 모든 상황을 혼돈 속에 묻어 둔다거나, 책임을 지지 않겠다는 의사가 은연중에 반영되어 '—같다.'식 무책임 언어가 탄생한 것은 '아니면 말고.'식 도망가기의 언어 습관이 아닐까.

인터넷 댓글을 읽다가 보면 도대체 무슨 말인지 이해할 수 없는 글이 너무 많다.

언론계에서 평생을 종사하고 글로 먹고 사는 나는 우리말이나 글의 변화에 대해서는 그래도 좀 아는 편인데, 인터넷 서핑이나 트위트를 하다가 당혹스러운 문장을 매일 만난다.

글이나 말의 세대 차이가 너무 빠르게 벌어지고 있다.

10대와 60대의 말을 한번 예로 들어보자.

> 60대 : “자네 관향과 안항이 어떻게 되는가? 참, 재당질부편에 보낸 서찰은 받았는가?”
>
> 10대 : “우리 담탱이 레알 병맛이야. 이번 시험 시망이야. 열폭나서….”

60대의 말은 ‘자네 성姓씨는 어디 성씨인가? 형제(안항, 雁行)는 몇인가? 6촌 형의 며느리편에 보낸 편지는 받았는가.’ 의 뜻이다.

지금 젊은이들이 얼마나 해석할 수 있을지 의문이다.

10대의 말은 ‘우리 담임선생님 정말 병신 같아. 이번 시험 시원하게 망해 열등감이 폭발했어.’ 란 뜻이다.

말과 글은 겨레의 얼이라고 한다. 우리글과 우리말을 지키기 위해 일제 강점기 시절 우리 선배들이 목숨을 건 일이 한두 번이던가.

세종 임금님이 창제한 우리 문자는 이제 세계 언어로 발돋움하고 있다. 전 세계에서 한국어를 배우는 외국인이 1,700만 명이라는 보고도 있었다. 남쪽 어느 나라는 한글을 자기 말을 담는 문자로 빌려가지를 않았는가.

새롭고 참신한 말은 언제나 탄생해야 말과 문자가 녹슬지 않는다. 어느 텔레비전 프로의 우리말 겨루기를 나는 재미있게 열심히 본다. 내가 모르는 우리말이 많이 나오는데 신기하고 감탄스럽다. 아름다운 우리말과 글을 지키는 노력을 게을리해서는 안 되겠다.

PART 3

노래방과 고스톱과 스포츠

언젠가부터 전국을 휩쓸고 있는 노래방 열풍은 요즘도 그칠 줄 모른다. 유흥가 주택가 할 것 없이 그야말로 우후죽순처럼 생긴 것이 노래방이다. 노래방, 혹은 노래 연습장이라는 신조어도 이제는 생소하지 않다. 전국에 7천 군데는 넘을 것이라고 하니 정말 놀랄 만한 일이다.(10년 전 통계)

우리나라 국민의 50퍼센트 이상이 이 노래방에 가 보았다는 통계까지 나왔으니 대단한 일이 아닐 수 없다.

우리 국민들은 정말 노래를 좋아하는 정서적이고 멋있는 국민이라는 것이 여실히 증명되었다고 말하는 사람도 있다.

옛날부터 우리 국민들은 가락을 좋아했다.

시조時調가 가락이고 내방가사內房歌辭가 또한 그렇다.

농사를 지으면서도 그랬고 집을 지으면서도 노래를 불렀다. 그뿐 아니라 무당이 굿을 하면서도 노래를 불렀다. 〈처용가〉에 나오듯이 아내가 간통을 했는데도 노래나 불렀다. 노래를 즐기는 우리 국민성은 세계적인 음악인도 많이 길러냈다.

그러나 한편에서는 우리 국민들은 매미나 베짱이일지 모른다는 냉소적인 생각을 가진 사람들도 많다. 다른 나라의 개미들이 열심히 땀 흘리며 일하는 동안 마이크 앞에 앉아 노래 부르고 박수나 치는 베짱이들의 장래가 어떻게 될 것이냐고 걱정하는 사람들도 많다.

로마가 망한 것은 목욕탕 때문이라는 설도 있다. 일하지 않고 놀고 즐기기만 하는 시대는 오래가지 못한다는 역사의 교훈을 우리는 잘 안다. 땀 흘리는 민족만이 번영한다는 것은 두말할 나위 없는 진리이다.

사방이 막힌 답답한 공간에서 목청 운동만 하는 노래는 스트레스 해소에는 다소 도움이 될지는 몰라도 땀 흘리며 즐기는 스포츠보다는 훨씬 못하다고 말하는 사람들이 많다. 탁 트인 넓은 공간에서 뛰며 땀 흘리는 일이야말로 얼마나 진취적이며 건전한 일이

냐고 말하는 사람들도 있다

생활수준이 조금씩 나아질수록 사람들은 게을러지고 쾌락만을 추구한다. 노래방과 함께 사우나탕도 성업이란 것이 이것을 증명한다고 말하는 사람도 있다.

식도락을 즐기다 보니 살이 찌게 된다. 살을 빼기 위해서 운동을 하지 않고 딴 방법을 쓴다.

땀 흘리는 운동은 귀찮기 때문에 쉽게 살 빼는 방법을 찾는다. 사우나탕에 가만히 앉아서 텔레비전이나 보면서 살을 뺀다. 그것도 귀찮으면 병원에 찾아가 의술의 힘을 빌린다.

그러나 돈은 좀 들지만 사우나탕에 다니는 것은 오히려 낫다. 사람 셋만 모이면 하는 일이 있다. 고스톱 열병이다. 노래방, 사우나, 고스톱 이런 것의 공통점은 폐쇄된 장소에서 움직이지 않고 가만히 앉은 채 즐기는 것이다.

복잡한 현대 사회에 스포츠를 즐길 시간과 공간이 어디 있느냐고 항변할 사람도 있을 것이다.

그러나 우리 조상들도 널찍한 공간을 가지고 있지는 않았다. 좁은 공간에서도 건전하고 진취적인 스포츠와 놀이를 즐겼다. 앞마당에서나 하는 널뛰기, 나무 한 그루만 있으면 되는 그네뛰기, 두어 평 되는 모래판 위에서 할 수 있는 씨름 같은 것이 그것이다.

씨름은 요즘 스포츠로 말하면 레슬링이요 널뛰기는 높이뛰기라고 하겠다. 또한 그네뛰기는 멀리뛰기나 기계체조의 일종이라고 할 수 있을 것이다. 훌륭한 스포츠다. 그러나 이 전래의 스포츠는 우리 고향에서도 고스톱과 노래방에 밀려나 찾아보기 어렵다.

바쁜 현대의 직업인들이 쉽게 즐길 수 있는 건전한 스포츠 문화의 육성이 참으로 아쉽다.

직장마다 조그만 공간만 낸다면 탁구장 한두 개는 놓을 수 있을 것이다.

담배나 커피 자동판매기 놓을 자리라면 평행봉 하나쯤 놓을 수 있을 것이다.

우리는 흔히 사회체육을 육성해야 한다고 말한다. 사회체육의 육성이 그렇게 먼 곳에 있는 것이 아니다. 우리 사장님의 마음먹기에 달린 것이다

월요일은 직장일이 끝나면 동료 두어 명과 어울려 포장마차에서 하룻밤을 떠든다. 물론 안주는 먼저 출세한 선배나 직속상관이다.

화요일은 사우나에서 냉탕 온탕을 드나들고 몇 번이나 몸무게를 달아보고 안락의자에 앉아 홍콩 무술 영화나 보다가 들어간다. 수요일은 떼를 지어 노래방에 가서는 음치인 줄도 모르고 자기가 명창이나 되는 줄 알고 여름철 매미처럼 몇 곡조나 뽑는다.

목요일, 금요일도 그런저런 일로 보내고 토요일은 봉으로 잡힌 어느 동료 집에 가서 그 집 주부의 눈총을 받아 가며 기다리고 기다리던 고스톱 판을 벌이게 된다.

이것이 필자가 50여 년 동안 기자 생활하면서 지켜본 현대인의 찌든 생활의 한 단면이다.

뛰고 구르며 좀 더 진취적인 생활 스포츠가 우리에게는 정말 절실하다.

흔들리는 배처럼

나의 유년은 갈등과 유혈로 얼룩진 산골에서 지나갔다. 서부 경상남도 지리산 자락의 해발 400미터가 넘는 두메에서 내가 태어났을 때는 평화롭고, 세상과 먼 곳에 있는 듯한 마을이었다. 그러나 해방과 더불어 외풍이 몰아치기 시작했다. 날만 새면 좌익이다, 우익이다 하는 어른들의 유혈 낭자한 싸움이 시작되었다. 죽창을 들고 완장을 찬 시퍼런 청년들이 우리 집에 몰려와 영문 모르고 있는 어머니의 뺨을 후려치고 장독대를 부수던 몸서리 쳐지는 기억들이 아직도 뇌리에 여기저기 파편처럼 박혀 있다.

우리 식구들은 그 지긋지긋한 마을 사람들 간의 전쟁을 피해 야반도주하듯이 대구로 갔다. 해방 후 줄곧 계속된 사상 싸움은 우리 세대의 유년기와 소년기를 짓구겨 놓고 말았다. 나는 좌우익 싸움과 육이오의 핏빛 캘린더를 넘기면서 또 하나의 적 굶주림과 싸워야 했다. 그 거세고 처절한 풍랑에 내가 배라면 수백 번은 더 뒤집혔을 것이다.

그러나 전쟁 중에 만난 피난지의 문학 서적이나 잡지들은 나에게 무한한 위안을 주었다. 주위에 널린 죽음과 참상만을 느껴온 나에게 문학이란 참으로 신선한 신세계를 열어 주었다.

학창 시절에는 케에르 케고르의 《죽음에 이르는 병》이라든지 보들레르의 《악의 꽃》에 심취해 밤을 새우기도 하고, 《젊은 베르테르의 슬픔》이나 헤르만 헤세의 시를 읽으며 고뇌하기도 했다.

대학 시절에는 문학지를 창간하고 스스로 소설을 발표하면서 어쭙잖은 작품에 자가도취가 되기도 했다. 한때는 도스토옙스키류의 철학에 심취해 '백치白痴' 라는 문학 동인을 만들기도 했다.

대학교 2학년 때 일간신문의 기자로 입사에 학교의 조교 생활과 신문기자 생활을 동시에 했었나. 그러나 바쁜 틈에도 문학에 대한 열의는 식지 않아 꾸준히 습작을 했다.

1960년대 초에는 역사소설 〈신설 임꺽정전〉을 일간신문에 연재하면서 작품 활동을 시작했다. 그 이후 나는 줄곧 밤을 낮으로 아는 바쁜 신문 기자 생활과 창작 작업을 함께했다.

5 · 16 군사 혁명이 났을 때는 독재 정권을 공격하는 신문을 만들었다가 계엄 군법회의에 회부되어 구속되는 사태에까지 이르렀다. 내가 추리소설을 쓰게 된 것은 순전히 이 사건 때문이었다. 교도소에 수감되었다. 재판을 받는 동안 나는 국사범 취급을 받아 사형 아니면 무기징역에 해당된다고 했다. 교도소에 있는 동안 한 방에 있는 '선배' 미결수들은 나의 옛날이야기를 좋아했다. 그중에도 그들이 즐겨 듣는 이야기는 루팡이나 셜록 홈스의 탐정담이었다. 나는 이 '선배'들에게 밥을 뺏겨 굶거나, 구박받지 않기 위해 날마다 천일야화식 이야기를 해야 했다. 밑천이 떨어지자 마침내 이야기를 만들어내기 시작했는데, 그때 창작한 이야기가 뒤에 100여 편의 추리소설이 되었다.

나는 서울의 여러 신문사에서 일하는 동안에도 꾸준히 작품을 발표했다. 주로 추리소설을 써온 나를 주위에서는 '추리 전도사'라고 불렀다.

내가 몸담아온 '한국 추리작가협회'의 전신은 '미스테리 클럽'이었다. 영문학자인 이가형 교수, 유명우 교수, 문용 교수, 황종호 교수 등이 주동이 되어 1960년대부터 이 추리 애호가 클럽이 존재해 왔었다. 나와 김성종, 현재훈, 노원 등이 합류하면서 마침내 1982년에 한국 추리작가협회가 탄생되었다.

우리들은 추리 문학을 알아주지 않는 우리의 문단 풍토를 원망하면서 밤새워 술을 마시고 토론을 벌이기도 했다. 추리 문학의 진흥을 위해 그냥 작품만 쓰고 있을 것이 아니란 생각에 미친 우리들은 언론기관의 문화센터를 통해 강좌를 열기도 하고, 추리 문학상을 만들기도 하고, 추리 잡지를 내는가 하면, 일간신문의 신춘문예에 추리소설을 넣기도 했다. 1987년부터 시작된 '여름 추리소설 학교'는 올해가 스물일곱 번째로 1천여 명의 졸업생(?)을 배출했다.

나는 신문사의 경영 일을 맡으면서부터 점차 역사에 관심을 가지기 시작했다. 마침내 추리소설과 역사를 연결시키는 작품을 써야겠다는 생각을 하게 되었다.

'역사추리소설'이나 순수한 역사소설들은 이 생각에서 출발한 작품들이다.

나는 사회의 부조리를 고발하고 권력을 비판해온 언론인으로 일생을 살아왔고, 이 과정에서 얻어진 체험과 역사관으로 작품을 쓰는 위치에 있었기 때문에 어떻게 보면 행운아일 수도 있다. 앞으로도 계속해서 역사를 주제로 한 소설을 쓸 생각에는 변함이 없다.

추리하는 자만이 살아남는다

일본에서는 한 경제학자가 추리소설과 경제학을 연결시킨 책을 내놓아 인기를 끈 일이 있었다. 추리는 경제학뿐 아니라 이제 모든 학문에 응용되고 있다. 역사도 추리, 물리학도 추리, 미술도 추리와 연결시키는 작업이 한창이다. 추리하는 자만이 살아남는다는 말을 하는 학자도 있다. 추리가 다른 학문이나 사물과 연결되는 것은 두 가지 이유 때문이다. 범죄의 본질을 규명하는 극명한 논리성과 읽는 재미 때문일 것이다.

키팅(H.R Keating)은 추리소설 평론을 쓰면서 그의 책 이름을 《침실의 벗 범죄(Bed Side Companion to Crime)》라 했다. 그는 추리소설은 대단히 재미있는 소설이라고 하면서도 그 재미는 구질구질하지 않은 재미임을 강조하고, 늘 침대 옆에 두고 잠들기 전에 읽어보는 범죄 이야기라고 했다. 이것은 반 다인의 의사가 환자가 읽어도 된다고 허락한 것과 같은 원리의 다른 표현이다.

추리소설이 무엇인지 잘 모르는 사람들은 추리소설을 범죄소설과 동일시하고 스릴이 주된 테마라고 오해하고 있다. 추리소설이 범죄소설과 같은 스릴에 의한 센세이셔널리즘을 많이 동원하고 있는 것도 사실이다. 그러나 스릴의 효과는 점차 감퇴되어가고 있을 뿐만 아니라, 추리소설의 진짜 재미는 스릴에서 오는 것이 아니다. 셜록 홈스의 명쾌한 해답처럼 논리의 규명에서 오는 것이다. 스릴이라는 것은 횟수를 거듭함에 따라 점점 예사로워져 웬만한 스릴은 센세이셔널한 것이 되지 못하게 된다.

전통 서부극에서는 총소리가 요란하게 울리고 사람이 말에서 떨어져 죽는 것으로 충분히 스릴이 있었으며, 말에서 떨어지는 스턴트맨의 출연료가 무척 비싼 때도 있었다. 이것이 점점 예사로워져 별다른 센세이션이 되지 못하게 되니까 간단하게 쏴 죽이는 것이 아니라 잔인하게 죽인다는 식의 마카로니 서부극이 나오게 된 것이다.

그러나 서부극의 진짜 매력이 스릴에 있는 것이 아니고 미개척지를 배경으로 활약하는 서부 사나이의 호쾌한 맛, 등 뒤에서는 쏘지 않는 파인플레이의 멋, 정의는 반드시 이긴다는 해피엔드의 쾌감 등에 있듯이 추리소설의 진짜 매력도 스릴이 아닌 딴 곳에 있다. 그것은 곧 두뇌 활동을 하는 재미, 논리를 바탕에 둔 지적인 흥미다. 이것은 학문적 흥미라고 할 수 있다.

우리는 두뇌 활동의 하나로서 수수께끼를 풀어보고 낱말 맞추기를 해보는 데 흥미를 느끼고 있으며, 추리소설에서 느끼는 재미도 그런 아류 중의 하나라고들 하고 있다. 그러나 추리소설이 유도하는 두뇌 활동은 퍼즐 게임과는 차원이 다른 고도의 것이다. 바꾸어 말하면 추리소설에 퍼즐의 요소가 있는 것이기는 하지만 매우 고도의 퍼즐이고 또 이 퍼즐에는 성격이 있고, 색깔이 있다는 것이다.

얼핏 보기에는 아무런 관계가 없는 것 같은 각 부분을 종합해보아야 하고, 이들을 분석도 해보아야 하며 여러 가지 짐작도 해보아야 한다. 이렇게 해나가는 가운데 해결의 실마리가 잡히게 되고, 종국에 가서는 얽히고설킨 모든 부분들이 질서정연하게 짜여진 한 폭의 직물이 되어 나타나게 된다. 이 직물 위에 아로새겨진 무늬가 이 작품의 성격으로 나타나게 되는 것이다.

순수 문학도 이와 같다고 주장하는 사람이 있지만, 지성과 미의식을 자극해주는 순수문학은 어느 정도 비현실적이고 환상적일 때 매력이 더해진다. 그러나 재미를 추구하는 오락으로서의 추리소설은 그렇지 않다. 왜냐하면 문제를 풀어나간다고 하는 지적인 게임이 진행되기 위해서는 현실성이 있어야 하기 때문이다. 낱말풀이에 쓰여지는 단어는 현실적으로 쓰여지고 있는 단어라야지 특수계층의 은어, 신조어, 유행어는 안 된다는 것과 같은 이치다.

추리소설의 플롯을 초자연적, 환상적인 분위기에 두고자 하는 시도는 더러 있었으나 성공적인 것이 되지 못했다. '스페인의 고성' 이라는 으스스하고 환상적인 분위기는 현실 도피를 원하는 소설의 무대는 될 수 있으나 추리소설의 무대는 될 수 없다. 그것이 일시적으로 범인이 숨는 장소, 시체를 숨기는 장소 등이 되는 것은 몰라도 전 플롯이 고성을 무대로 진행된다고 생각해본다면 그것이 얼마나 허무맹랑한 것인가를 알 수 있다. 이것이 비록 소설이요, 픽션이라 하더라도 스토리의 전개만은 마치 실제의 사건을 소개하는 것 같은 현실감이 있어야 한다. 추리소설에서 간혹 지도나 도해를 볼 수 있는 것은 이런 효과를 노린 것이다.

추리소설이 가지는 이러한 현실감 때문에 추리소설 작가가 실제적인 범죄 수사의 전문가로 오해받거나 작중의 각종 기법이 실제의 범죄 수사에 활용된다고 믿는 사람이 많으며, 작중의 탐정이 실제의 인물이라고 생각되기도 한다.

셜록 홈스는 실제의 인물처럼 런던에 그의 살던 집이라고 추정되는 곳에 박물관이 있다.

작가보다는 작중의 탐정이 더 유명해진 경우다.

추리소설은 이러한 뛰어난 현실감이나 재미 외에 또 무엇이 있어서 작가나 사람들이 그렇게 빨려드는가?

정신분석에 뛰어난 미국의 평론가 조세프 우드 크러치(Joseph Wood Krutch)는 그의 저서 《천재에 대한 연구(A Study in Genius)》에서 "포우는 자신이 미쳐버리지 않기 위해서 추리소설을 썼다."고 하였다.

미국의 문학가 윌리엄 하웰스(William Deen Howells)는 "에이브러햄 링컨은 추리소설에서 자극과 위안을 받은 많은 위인 중 최초의 인물"이라고 했고 링컨 자신이 이 말이 사실이라고 시인했다.

영국의 여류 추리소설 작가 아가사 크리스티(Agatha Christie)는 1차대전 때 육군 장교인 남편을 따라 프랑스에 가서 의용병원에 근무했는데 그때 많은 추리소설을 읽으면서 그의 언니에게 "추리소설은 마음을 후련하게 해준다는 것을 알았다. 나 자신도 추리소설의 작가가 되어보고 싶다."고 했다.

오늘날 심한 정신노동에 시달리고 있는 지성인층에 추리소설의 독자가 늘어나고 있는 것은 위의 세 사람이 이미 지적했듯이 미쳐

버리지 않기 위해서, 자극과 위안을 얻기 위해서, 마음이 후련해지기 위해서, 추리소설이 너무 좋기 때문이다. 추리소설은 언제나 범죄, 그것도 인간이 제일 싫어하고 무서워하는 살인이라는 범죄가 테마가 되고 그 범인을 찾아낸다는 탐정의 활동 주변에는 아무래도 너절한 이야기들이 많이 노출되지 않을 수 없다. 그런데 어째서 이렇게 으시시하고 너저분한 이야기를 학자 · 성직자 · 대통령과 같은 최고의 지성인들이 좋아하는 것이며, 포우와 같은 수사학적 시인의 자질을 갖춘 거장이 이런 소설의 창시자가 되었단 말인가? 어째서 이런 이야기가 사람을 미치지 않게 해주고, 위안을 주고, 기분을 후련하게 해주고 학문하는 수단으로 쓰인다는 말인가? 이 문제에 대해서 좀 더 자세히 생각해보아야 한다.

하웰스는 링컨이 추리소설을 좋아하는 이유를 다음과 같이 부연했다.

"대통령은 수학적이면서도 형이상학적인 것에 흥미를 갖는다. 그래서 추리소설이 가지는 완벽한 논리적 방법을 좋아한다. 이 소설에서는 많은 문제가 주어지고 교묘하게 해결된다. 이 책은 읽지 않을 수 없는 매력이 있다. "

즉 추리소설에는 지적인 흥미가 있을 뿐만 아니라 '해결된다.'는 쾌감이 있다. 범인은 반드시 잡히고 억울한 사연은 밝혀지고 만다는 쾌감이다. 미국인들이 사랑하고 있고, 그래서 서부극의 기조가 되어 있기도 한 "정의는 반드시 이기고 악은 반드시 망한다."는 신념의 성취가 추리소설에도 있는 것이다. 게다가 추리소설은 살인범이 체포되는 것으로 끝나고 사형에 처하는 장면을 다루지 않는다.

추리소설은 이의 논리를 통해 인간을 윤리와 형이상학의 세계로 회귀시키는 능력을 가지고 있다. 이러한 추리소설의 특성을 가장 잘 살린 장르는 역시 단편소설이라고 할 수 있다.

나의 편집기자 시절

지금부터 50여 년 전, 그러니까 1960년대 들면서 신문사들은 조금씩 기업으로서의 자리가 잡혀가기 시작했다. 월급날이 없던 시절은 가고 액수는 적지만 일정한 날 월급을 주는 회사로 바뀌어가고 있었다. 이 무렵 중앙 일간지들은 조 · 석간제가 정착되고 증면 경쟁도 시작되었다. 따라서 갑자기 편집기자의 수요가 늘어났고 지방에 있는 기자들을 중앙지서 앞다퉈 스카우트하기 시작했다.

나는 그 스카우트 초기 무렵인 1966년에 《대구일보》에서 《한국일보》 편집부로 뽑혀왔다. 증면을 했다고 해도 4면 발행이 기본이고 하루 걸러서 8면을 발행하곤 했다.

중앙 일간지에서도 편집국 내의 편집부는 특수한 부서로 생각했다. 편집기자는 취재기자들이 써온 기사를 다듬고 제목을 붙여 지면을 디자인하는 것이 본업이다. 그런데 당시의 편집부 기자는 편집국의 수석부라는 자긍심으로 '지면의 제우스'라고 으스대던 시절이었다.

말이 화려한 수석부이지 기자들은 편집부를 기피했다. 마감 시간에 항상 쫓겨야 하고, 납과 잉크 냄새로 범벅된 인쇄 공장에 살다시피 해야 했다. 새로 들어오는 기자들은 모두 편집부에 배치될까 봐 신경을 곤두세웠다. 어쩌다 그곳에 배치되면 벗어나려고 몸부림쳤다.

당시 《한국일보》의 창업자인 장기영 씨는 편집부의 중요성을 누구보다 잘 아는 경영주였다. 수습기자 중에 성적이 우수한 사람은 모두 편집부로 배치했다.

1950~60년대에 편집부를 거쳐 간 기자들은 그 후 사회 각계에서 활약했다. 김종규 사장, 최정호 교수, 이상우 교수(나와 동명이인), 김성우 사장. 최병열 장관, 윤임술 사장, 홍유선 사장, 정종욱 대사, 정경희 씨 심명보 의원 등이 편집부를 거쳐간 사람들이다.

취재기자들도 나름대로 고충은 있지만, 겉으로 보기에 화려하다. 국내외 사건 현장을 누비고 대통령, 장·차관들과도 마주 앉아 질문을 퍼붓는다. 그러나 그들도 항상 특종에 시달려야 한다.

나는 현직 언론인 생활 50년을 하면서 편집기자로 25년을 보냈다. 나머지 25년은 편집국장이나 경영인, 발행인으로 일했다.

편집기자가 편집국장이 되거나 발행인이 되는 것은 쉬운 일이 아니다. 나는 운이 좋았다고 말할 수 있겠다. 그러나 운이 아무리 좋아도 노력하지 않으면 운은 찾아오지 않는다.

젊은 수습기자 시절부터 나는 항상 호기심에 묻혀 살았다. 호기심이 많으니까 본업이 아닌 쪽을 파고들었다. 이 호기심은 편집부의 업무를 확대해서 연관된 방향으로 계속 뻗어나가는 노력을 했다.

편집 영역 외의 일에 열중하다 보니까 광고, 인쇄, 보급 등의 일을 파고들었다. 어떻게 보면 안목을 넓히는 일이었을 것이다. 이것은 뒤에 나를 경영인이나 발행인으로 만든 거름이 되었다.

나는 젊은 시절부터 지금까지 중요한 일은 거의 새벽에 해냈다. 몇 년 전 《아침형 인간》에 대한 책을 낸 사람이 나의 일상을 인용한 것을 읽은 일이 있다.

나는 요즘도 새벽 5시면 반드시 일어난다. 밤 12시에 자든, 2시에 자든 5시면 반드시 눈을 뜬다. 눈을 뜨면 우선 조간신문부터 읽는다. 일선 책임자로 있을 때는 조간신문 10종 정도를 읽었다. 40쪽짜리 10개면 400쪽을 읽는 셈이다. 물론 기사를 다 읽는 것은 아니다. 그러나 제목만큼은 빠짐없이 다 읽고 중요한 기사는 물론 본문을 다 읽는다. 광고면도 샅샅이 훑어본다. 그것은 신문 경영의 필수 독서이다.

신문을 보고 나면 컴퓨터를 열고 서핑을 시작한다. 한 시간쯤 걸린다. 다음 메일을 보고 답글을 쓴 뒤 내 블로그 독자의 리플에 응답한다.

다음에 하는 일은 반드시 창작 작업을 한다. 어떤 날은 아침 시간에 단편소설 한 편을 쓰기도 한다.

나는 편집기자 시절 신문 인쇄에 관심을 기울여 CTS로 불리는 신문의 컴퓨터화를 개발하기도 했다. 활자에 대한 호기심을 꾸준히 발전시켜 신문 활자를 키워야 하고 가로쓰기를 해야 한다는 연구 논문을 여러 편 발표하기도 했다.

나는 마침내 한국 최초의 완전 한글 전용, 가로쓰기 신문인 《스포츠서울》을 창간했다. 그 뒤 네 개의 일간지를 창간하는 주역을 맡았으며 모두가 성공적이었다. 어떤 신문에서는 나에게 '미다스의 손'이라는 별명을 붙이기도 했다.

지금 생각해 보면 사람은 하찮은 일에 종사하더라도 그 일에 호기심을 가지고 정열을 다 쏟는다면 반드시 성공한다는 것이다. 다른 사람이 싫어하는 일은 그만큼 경쟁도 적기 때문에 성공이 쉽다는 것을 알면 수긍이 갈 것이다.

나의 호기심과 '새벽 시간'이 만들어낸 결과였다.

신문기자 생활을 하면서 인생의 거의 절반을 새 매체 창간 작업으로 보낸 세월을 지금도 보람으로 생각한다.

나와 잡지와 꿈

내가 잡지와 처음 인연을 맺은 것은 초등학교 저학년 때인 것 같다. 물론 잡지의 독자가 된 것은 그보다 훨씬 이전의 일이다.

인연을 맺었다고 하는 것은 잡지에 내 이름이 실린 것을 뜻한다. 육이오 전쟁이 한창이던 피난 시절, 피난지에서 발행되는 소년 잡지 《소년세계》(하도 오래되어서 분명하지는 않지만 이런 제호였던 것 같다.)에 내 이름과 사진 그리고 간단한 자기소개 글이 실렸다. 물론 내가 독자란에 투고를 한 것이었다. 이 잡지에서 처음 만난 유명한 이름들은 아직도 기억이 새롭다. 이원수, 어진길,

홍효민, 최계락, 마해송….

나는 글을 투고해 놓고는 잡지가 나올 무렵이면 하루도 빼지 않고 책방 앞에 서서 《소년세계》 이달치가 나왔나를 살폈다. 마침내 어느 날 표지도 선명한 새 잡지가 나왔다. 신선한 잉크 냄새를 맡으며 책장을 넘기는 내 새가슴이 두근거리기까지 했다. 마침내 책 속에서 활자로 된 내 이름과 사진을 발견했을 때는 뛸 듯이 기뻤다. 책 한 권을 사들고 길거리에 나온 나는 너무 즐겁고 벅차 아무에게나 고함을 치고 싶은 심경이었다.

이렇게 해서 주로 월간 잡지와 인연을 맺은 나는 자라면서 계속 투고도 하고 현상 모집에 응모도 했다. 물론 실패한 일이 훨씬 더 많았다.

투고만 하던 나는 마침내 내가 잡지를 만들면 어떠냐는 신기하고도 어림없는 생각을 하게 되었다. 그 꿈은 마침내 내가 중학생이 되면서 이루어졌다.

중학교 1학년 때부터 학급지를 만들기 시작했다. 등사기로 밀어서 5~60페이지짜리 잡지를 만들었다. 주로 급우들의 작문을 실었다. 그런데 이 등사판 잡지도 마침내 필화(?) 사건을 일으켜 폐간당하는 운명을 맞았다. 선생님들의 인물평을 썼는데 칭찬을 해 주지 않거나, 살짝 꼬집힌 선생님들이 노발대발했기 때문이다. 폐간으로 끝나는 것이 아니라 자칫하면 학교에서 쫓겨날 뻔까지 했다.

이후에도 나는 고등학교, 대학교에 다니면서 졸업할 때까지 잡지를 만들고 투고하면서 지냈다. 때로는 문학 동아리나 학술 동아리 동료들과 함께 무크지를 만들기도 했다.

고등학교 시절에는 학생 잡지에 단골 투고자가 되다시피 했다. 한번은 요즘으로 말하면 성인 잡지 같은 대중 월간지에 시대소설, 연애소설 등을 투고해 실리기도 했다.

활자와 친해지려던 나의 버릇은 마침내 활자를 신물나게 다루는 신문사에 취직을 하게 되고 소설가가 되었다. 신문기자로 종사하는 동안에도 나는 잡지에 대한 매력이나 꿈을 버릴 수가 없었다. 소설이나 신문보다도 다양한 세상을 더 깊이 다룰 수 있고 창의력을 더 확실하게 발휘할 수 있는 잡지가 얼마나 매력적인 매체인가 하는 것은 세월이 흐른 지금도 변함이 없다.

나는 잡지雜誌라는 말이 별로 마음에 들지 않는다. 아마도 일본에서 들어온 듯한 이 말은 하나도 제대로 되지 않은 잡스런 이야기나 실어 놓은 책이라는 인상이 있기 때문이다. 실은 가장 전문적이고 깊이 있는 이야기로 아주 다양하게 엮어진 것이 잡지인데도 말이다.

그동안에 여러 다양한 잡지에 연재소설을 싣기도 하고 연재 칼럼을 쓰기도 했다. 거의 일생 동안 잡지와 떨어져서 살아본 적이 없는 것 같다.

미국의 저명한 한 시인의 시구에 '인생은 잡지의 표지' 라는 말이 있다. 참으로 멋있고 공감을 주는 말이다. 잡지는 우리 인생의 교본이고 생활 마당이다. 무엇이든지 거부하지 않는다. 오직 나뿐이라고 내세우지도 않는다. 좋아하는 것만 골라서 봐도 되는 자유가 있다.

학창 시절의 꿈을 되새기며 신문기자 생활을 한 지도 50여 년. 나는 그동안에 잡지 두 개를 매주에 내놓는 주간국의 편집국장이 되어 마음대로 잡지의 꿈을 펴 보기도 하고 월간지, 계간지를 창간하는 일을 주도해 보기도 했다.

일간신문을 창간하는 일도 해 보았지만 잡지처럼 다양하게 자기 꿈을 펼치지는 못했다. 요즘은 잡지가 전문화되어가는 경향이 아주 짙은 것 같다. 세계가 다양해지고 사고의 폭이 넓어지니까 그렇게 되어야 할 것이다. 그러나 나는 어쩐지 모든 지식과 정보가 다소 뒤죽박죽이 되어 있는 진짜 잡지에 대한 향수가 남아 있다. 아니 향수라기보다는 꿈인지도 모른다. 어디를 펼쳐도 자유분방한 세계가 열리는 그런 잡지가 더 좋다는 생각이 자꾸 든다.

잡지는 인생의 축소판이다. 또한 무한한 상념想念의 세계를 누구에게나 펼쳐 준다. 월간지는 매달 나에게 꿈을 가져다주고, 주간시는 매주 나에게 새로운 상념의 세계를 펼쳐준다. 초능학교의 그 가슴 뛰게 하던 활자 냄새가 아직도 생생하다.

런던서 만난 바보들

경제 대국이라는 일본 사람들은 바보인가? 미국 사람들이 옛날에 그렇게 했듯이 바보 같은 짓이나 하고 다니는 것이 아닐까?

몇 년 전 여름 휴가철에 유럽 여행을 하면서 이런 생각을 참 많이 했다.

추리소설가 몇 사람과 함께 유럽의 유명한 작가들도 만나고, 문학적인 명소도 몇 군데 찾아보기 위해 틈을 내서 유럽에 갔다.

우리는 런던에서 우선 바보(?) 같은 일본인을 많이 만났다.

우리 일행은 한국인 유학생이라는 아르바이트 안내인을 하룻동안 고용하고 길 안내를 부탁했다. 우리는 책에서만 수없이 본 셜록홈스박물관이 제일 먼저 보고 싶었다.

"셜록홈스박물관에 가자고요? 그곳 주소 아세요?"

영국에서 박사과정을 하고 있다는 안내원은 우리의 주문에 이렇게 되물었다. 어안이 벙벙해진 우리 일행은 할 수 없이 택시를 타고 셜록홈스박물관으로 가자고 했더니 운전기사는 "베이커 스트리트 221번지 말씀이죠?" 하고 단숨에 우리를 데려다 주었다.

그 아르바이트 학생이 진짜 유학생이라면, 남의 나라에 와서 비싼 돈 주고 박사 공부하면서 그런 비실용적인 문화 관광지에 다니지 않은 것은 아주 똑똑한 일인지 모른다.

그 알바 학생은 이튿날 만났을 때야 "셜록 홈스가 살던 집 알아요." 하고 엉뚱한 소리를 해서 우리를 또 한 번 실망하게 했다. 셜록홈스를 실존 인물로 알고 있었다.

홈스박물관 앞에 도착했을 때, 뙤약볕 아래 관광객이 장사진을 이루고 있었다.

셜록홈스박물관이란 보잘것없는 3층 민간 주택에 불과했다. 좁아서 관광객이 한꺼번에 5명 이상 들어갈 수도 없었다. 더구나 셜록홈스가 실존 인물이 아니기 때문에 실제로 살던 집도 아니고 작품 속의 위치를 찾아내 만든 가짜(?) 관광지에 불과했다. 그러나 영국 사람들은 그것을 세계적인 관광지로 만들었다.

장사진을 이루고 있는 사람들의 절반은 일본 사람들이었다. 영국에 오면 몇 달을 보아도 볼만한 관광지가 많은데 여기 뙤약볕에 한나절을 기다려 그까짓 가짜 유적지를 보려는 일본인들은 정말 바보가 아닐까 하는 생각이 들게 했다.

우리도 1시간 이상을 기다려 다섯 명이 함께 박물관 안에 들어갈 수 있었다.

"한국서 오셨다고요? 한국 사람은 처음 맞는 손님이랍니다. 여기 사인 좀 해 주세요. 그리고 명함도 주시면 좋고요."

안내하는 여직원이 신기한 듯이 우리를 바라보며 반겼다. 한국 사람들이 수도 없이 런던 관광을 다녀갔을 텐데 우리가 처음이라니 믿기지 않았다.

그러면 그 수많은 한국인 관광객은 어디로 갔단 말인가?

우리는 이튿날 바바리코트 본점과 피카딜리에 있는 백화점에서 수많은 한국 사람을 만날 수 있었다. 더구나 그곳에는 '한국어과'까지 두고 쏟아져 들어오는 한국인에게 물건 팔기에 바빴다. 물론 우리도 그중의 한 사람이었던 것을 부인하지 않는다.

그 이튿날 우리는 셜록홈스를 기념하여 만든, 아니 셜록홈스라는 작중인물을 팔아 만든 셜록홈스 역驛과 셜록홈스 호텔, 셜록홈스 술집을 몇 군데나 찾아다녔다. 가는 곳마다 일본인들과 마주쳤으나 한국인은 도무지 볼 수가 없었다.

우리는 씁쓸한 기분으로 런던을 떠났다.

몽골서 전화 걸려면 황당한 일이

몽골의 수도 울란바토르에서 공중전화를 걸어 보았는가? 지구상 어느 도시에도 없을 것 같은 황당하고 희한한 체험을 하게 될 것이다. 수년 전 내가 울란바토르에서 전화 한 통을 걸기 위해 고생한 일을 여기 소개한다. 웃기고, 놀랍고, 신기하고, 골탕 먹는 일을 모두 합친 경험이라고나 할까.

나와 아내는 1월 중순 울란바토르에 업무상 볼일이 있어서 방문했다. 우리는 시내를 좀 걸어서 고급 호텔 축에 드는 징기스칸 호텔에 들었다. 울란바토르 시내 복판에 있는 간등사 앞에서. 간등사는 몽골인들의 정신적 지주이다. 호텔로 가는 동안 길거리에서 낯선 풍경을 목격했다.

선상한 삶은 남자나 여자들이 커다란 가성용 전화기 한 대씩을 쟁반에 받쳐들고 조그마한 의자를 함께 들고 길거리에서 서성이고 있었다. 집 전화기를 고치러 들고 나온 것치고는 좀 이상했다. 이상하기보다 그런 사람이 너무 많았다.

궁금해서 안내하러 나온 우리 파트너 회사 안내인에게 저게 뭐냐고 물어 보았다.

“아, 저거요. 공중전화랍니다.”

안내인이 아무렇지도 않게 대답했다.

“예? 공중전화라니요?”

“전화 걸 사람이 있으면 저 의자를 놓고 앉게 한 뒤 전화기를 들이밀고 전화를 걸게 한답니다. 서울의 길가 구두닦이와 비슷하지요.”

“하하하. 별일도 다 있군요. 여긴 설치해 놓은 공중전화가 없습니까?”

“없진 않습니다만 아주 드물지요.”

“그럼 전화선도 없는데 저건 어떻게 겁니까?”

“일종의 무선 전화지요. 서울에도 시티폰이라고 있지 않습니까. 선 없이 전화하는….”

“그럼 저 사람들은 전화국 사람들입니까?”

"아닙니다. 개인입니다. 전화국에서 시티폰 한 대씩을 가입한 뒤 들고 나와서 영업하는 것입니다."

"여긴 핸드폰이 없나요?"

"있긴 있지만…."

나는 더 묻지 않고 호텔로 갔다.

그러나 이튿날 아주 황당한 일을 겪었다.

11월이면 그곳은 한겨울 날씨라서 엄청나게 추웠다. 허술한 단속으로 밖에 나갔다가는 얼어 죽기 꼭 알맞은 날씨였다.

우리는 난방을 최고로 올리고 잤으나 추워서 덜덜 떨며 밤을 새웠다. 아침에 세면장에 갔더니 좀체 더운물이 나오지 않아 이것저것을 만졌더니 갑자기 천장에서 벼락치는 소리를 내며 무엇이 떨어졌다. 허술하게 달린 천장 전등이 떨어져 세면장 바닥에서 박살이 났다.

우리는 세수를 하는 둥 마는 둥 대강 하고 프런트로 내려갔다.

아침 식사를 하러 가기 위해 어제 약속해 놓은 상대방을 기다리고 있었다.

현관에서 한 시간쯤 기다린 뒤 상대방 안내인이 왔다. 그러나 나와 약속한 렌터카와 운전사가 오지 않았다. 나는 안내인을 보고 운전사에게 전화를 해 보도록 요청했다. 안내인은 웃으면서 그렇게 하겠다고 약속하고 프런트에 가서 뭐라고 이야기를 했다. 아마 전화를 좀 쓰자고 한 것 같았다.

그러나 안내인은 전화를 걸지 않고 도로 나와서 나하고 밖으로 나가자고 했다. 영문도 모르고 따라 나갔다. 추워서 귀가 떨어져 나가는 것 같았다. 그러나 그냥 그 안내인을 따라갈 수밖에 없었다. 안내인은 길 건너 골목에 있는 허술한 빌딩으로 들어갔다. 따라 들어갔더니 조그만 슈퍼 같은 가게였다. 안내인이 주인과 얘기하는 동안 나는 벽에 커다랗게 그려놓은 전화기 그림과 그 밑에 있는 의자를 보고 있었다. 그러나 전화는 걸지 않고 안내인은 다시 나를 데리고 밖으로 나왔다. 무슨 일이냐고 물어도 대답하지 않고 골목 끝 큰길까지 가자고 했다. 나는 화도 나고 추워서 못 가겠다고 하고 호텔로 들어오려고 했다.

그제야 안내인은 잠깐 기다리라고 하고는 호주머니에서 핸드폰을 꺼내들고 켠 뒤 귀에 대보더니 문자를 입력하기 시작했다.

'아니 제 핸드폰을 들고 다니면서 이게 무슨 짓이람?'

나는 혼자 호텔로 돌아왔다. 마침 약속한 운전사가 와서 약속 장소로 갔다.

나는 상대와 인사를 나누자마자 궁금한 것부터 물어 보았다.

"전화 좀 걸자고 했는데 왜 호텔 프런트에서는 걸지 않았으며, 길 건너 슈퍼에는 왜 갔으며, 더구나 이해가 안 되는 것은 골목 끝

큰길엔 또 가자고 한 것입니까? 자기 핸드폰이 있으면서 전화를 안 건 이유가 뭡니까?"

"하하하. 오해를 하실만 하군요. 그게 다 이유가 있어서입니다."

그리고 그 사람이 설명해주었다.

"여기는 전화가 대중적으로 보급되어 있지 않습니다. 땅은 넓고 적은 인구가 흩어져 사니까 유선 전화 설치는 막대한 경비가 들어 부진합니다. 대신 경비가 적게 드는 핸드폰의 초기 단계인 무선전화, 즉 시티폰이 보급되어 있습니다. 핸드폰이 있긴 합니다만 잘 안 씁니다."

"왜요?'

"요금 때문이지요. 그건 그렇고 안내인이 처음 프런트에 간 것은 호텔 전화를 빌리려고 한 것입니다. 그러나 호텔 측은 내국인에게는 귀한 전화를 호락호락 빌려주지 않습니다."

"그럼 길 건너 슈퍼에는 왜 갔나요?"

"거기에는 걸어다니는 공중전화 맨이 있기 때문입니다.

나는 그곳 벽에 전화 그림과 의자 하나의 의미를 그제야 알았다.

"그런데 공중전화 맨이 아직 출근하지 않은 것입니다. 그래서 안내인은 다시 큰길가의 공중전화 맨을 찾으러 가려고 했습니다."

"아니 그럼 자기 핸드폰은 왜 안 써요?"

"자기 핸드폰은 사용료를 미리 내는데 조금만 내기 때문에 이내 불통이 됩니다. 그러나 문자 메시지는 되니까 문자 메시지를 보내려고 한 것입니다."

"하하하. 이해가 되네요."

나는 몽골 여행 첫날부터 참으로 황당하고 신기한 경험을 했다. 울란바토르는 요즘도 그런지 잘 모르겠다.

PART 4

세종대왕의 고뇌

"자, 그럼 세자부터 시작해 볼까? 이 글자를 큰소리로 읽어 보아라."

왕이 임금 군君 자를 가리켰다.

"군!"

세자가 양 입술을 쭉 내밀며 크게 말했다.

"혀뿌리가 낫처럼 꼬불어지지?"

"예."

"그럼 군자의 초성은 낫처럼 만들어야겠다. 다음 진양이 나那 자를 읽어 보아라."

"나!"

왕의 명을 따라 진양대군은 입을 크게 벌리고 혀 끝을 위 천장에 붙이고 말했다.

"혀가 천장에 매달린 모양이니 이건 ㄴ으로 하자."

세종대왕이 한글을 창제하면서 자음의 글자들을 이렇게 만들었다.

세자를 비롯해 진양대군, 안평대군, 임영대군, 광평대군 이렇게 형제들을 모아 놓고 왕은 늘 발성 연습을 시키고 그 모양을 관찰하면서 한글의 글꼴을 만들었다. 여기에 왜 그 유명한 세조가 된 수양대군이 빠졌느냐고 하겠지만, 빠진 것이 아니라 수양대군의 처음 군호는 진양대군이었다. 뒤에 세종대왕이 무슨 생각에서였는지, 진양을 수양首陽으로 개명했다. 아무래도 진양대군이 훗날 조카인 단종을 배신할 것 같으니까 백이, 숙제가 절개를 지킨 수양산의 이름을 따다가 붙여 비극을 막으려고 했는지도 모를 일이다.

세종대왕은 늘 이렇게 앞날을 내다보았다. 그 안목의 근본은 백성을 어여쁘게 여기는 인본주의 사상에 있었다. 왕은 양반만을 인간으로 대접하던 역대 봉건주의에서 벗어났다. 노비를 비롯한 평민도 인간으로 살아가야 한다는 평등사상을 가지고 있었다. 한글을 창제한 근본정신도 여기에 있었다.

“법을 아무리 고쳐도 떨어진 도덕심을 바로잡을 수 없다. 오직 고관대작에서 천민에 이르기까지 모든 백성의 도덕심이 두터워져야 범죄가 없어진다. 도덕심을 다시 일깨우는 책을 만들어 모든 백성에게 읽히게 하라.”

왕은 마침내 문자를 만들기로 결심하고 음운학을 공부하기 시작했다.

“성삼문 대감, 그리고 신숙주 대감, 경들은 속히 중국에 가서 40년 전의 음운 학자이며 《홍무정운洪武正韻》의 저자인 악소봉과 송렴을 만나 내 의문을 물어보고 음운에 관해 소상히 알아 오시오.”

이 일로 인해 성삼문은 중국을 열세 번이나 드나들며 그들의 제자인 황찬에게 왕의 연구 결과를 내놓고 토론했다. 악소봉과 송렴은 이미 죽고 없었다. 왕은 그의 수제자를 찾으라는 명을 내리고, 성삼문 등은 7백 리 길을 말을 달려 귀양 가 있는 석학의 수제자 황찬을 요동에서 만났던 것이다.

한글은 집현전 학자들이 왕명을 받들어 만든 것이 아니고 왕이 손수 음운 학자가 되어 만들고 학자들은 조수 역할을 했을 뿐이다.

왕의 이 평등, 인본주의 사상은 여러 곳에서 나타난다. 왕이 22

세에 등극한 직후 상왕이 된 태종은 아직 수강전이란 궁전서 정사를 돌보고 있었다.

"주상, 내 말을 잘 들으시오. 본디 왕은 정실 외에 구빈九嬪, 즉 아홉 명의 빈을 두어야 하는 법이요. 그러니 내 곧 명을 내려 가례색嘉禮色을 설치하게 하고 전국에 금혼령을 내려 아홉 명의 빈을 뽑는 절차를 갖도록 하겠소."

뜻밖의 말을 들은 세종이 당황해서 말했다.

"지아비는 한 어미면 충분한 법이옵니다. 그뿐 아니라 전국에 금혼령을 내리면 백성들의 불편이 많을 것입니다. 또한 빈의 후보가 되었다가 뽑히지 못한 처녀는 평생 짐을 지고 살아야 하니 이 어찌 불쌍하지 않습니까. 그러니 제발…."

가례색은 없어지고 금혼령도 내려지지 않았다. 그러나 세종은 자기 뜻대로 하지 못하고 결국 궁녀 중 세 여자를 빈으로 삼게 되고 평생 동안 18남 4녀, 즉 스물두 명의 아들딸을 두게 되었다.

귀천을 가리지 않고 그 사정을 보살피는 왕의 정치는 여러 곳에서 나타난다. 정치를 비롯해 군사, 과학, 음악, 문학, 불교, 역사 등 거의 모든 분야에서 천재적이었던 왕의 인재 등용은 또한 놀랄 만하다.

왕은 장영실이라는 불세출의 과학자를 등용한다. 장영실은 중국인과 관기의 사이에서 태어나 동래에서 관노로 있었는데, 왕이 발굴하여 일약 정5품의 벼슬을 준다. 대소 신료가 노비에게 벼슬을 주었다고 벌떼처럼 일어났나. 그러나 왕은 개의치 않고 그를 연구에 몰두케 하여 마침내 자격루, 해시계 등 수많은 발명품을 내놓게 한다. 뒤에 장영실은 상호군(요즘의 장성급)의 벼슬에까지 이르며 세종 시대의 과학문명을 꽃피게 했다.

세종 시대에 우리나라 명신, 학자들이 다 모인 것처럼 보인다. 이는 그때에 명신들이 태어난 것이 아니라 세종의 혁명적인 인물 발탁으로 이루어진 일이다. 명왕이 명신을 만든 것이다.

청렴한 명재상 황희, 명문장 맹사성, 절개의 충신 성삼문, 석학 신숙주, 명장 김종서, 과학자 장영실, 악성 박연, 화백 안견 이 모두가 세종이 발굴한 인물이었다.

세종은 54세로 붕어하기까지 32년 동안 왕위에 있었다. 왕은 역대 어느 왕보다 다방면에 출중한 업적을 남겼다. 북쪽에 6진을 개척하여 국경을 넓히고 남쪽으로는 왜구를 징벌하고 대마도를 항복시켜 국방을 반석 위에 올려 놓았다. 조세 제도를 개선해서 농민들이 억울한 세금을 내지 않게 하고 의학을 체계적으로 개발하여 평민들도 의약의 혜택을 받게 했다.

그중에도 특출한 업적은 한글의 제정과 아악, 향악의 정리, 주자소의 확충 등 문화 사업이라고 할 수 있다.

왕은 음률에도 뛰어나 박연으로 하여금 우리나라 새로도 악기를 다시 만들게 했다. 박연이 천신만고 끝에 가장 중요한 악기의 하나인 편경을 완성한 날 경복궁 사정전에서는 새 악기의 시연이 열렸다. 백여 명의 악공과 악녀樂女들이 저, 부, 훈, 거문고, 비파, 편경 등을 진설하고 바야흐로 각종 악기가 제 목소리를 내는 대연주가 시작되었다. 왕과 정승, 각조 판서들이 참석한 오케스트라는 장엄하기 그지없었다.

"잠깐…."

연주가 한창 진행 중일 때 갑자기 왕이 손을 저었다. 박연이 깜짝 놀라 연주를 멈추게 하고 왕 앞에 나아갔다.

"저기 두 번째 줄에 있는 편경編磬 세 틀 중 한 틀의 소리가 좀 이상하다. 살펴보아라."

편경은 돌로 만든 ㄱ자 모양의 타악기인데 16개가 있어 각각 다른 음정을 내는 악기다. 편경을 만드는 돌이 우리나라에서 나지 않아 기왓장을 갈아 대신 쓰던 것을 왕명을 받은 박연이 전국을 헤매다가 경기도 남양에서 돌을 발견하여 새로 만든 악기였다.

박연이 편경을 살펴보니 과연 이상이 있었다. 편경을 가는 석공들이 먹줄이 안 보이도록 갈아야 하는데, 종이 한 장만큼 돌을 덜 갈아 음정이 약간 이상했던 것이다. 여기서 우리는 세종의 놀랄 만한 음률 감각을 엿볼 수 있다.

그러나 왕은 일생 영광스럽고 보람 있는 일만 겪은 것은 아니었다. 왕이 가장 괴로워한 것은 한 남편으로서, 한 가정의 가장으로서의 일이었다.

왕이 막 왕위에 오른 뒤에 왕의 장인이며 왕비 공비의 친정아버지 심온 정승이 반역죄에 걸려 자결하게 된 사건이 일어났다. 그뿐 아니라 왕의 장모는 노비가 되고 일가가 모두 처참한 죽음을 당했다. 이러한 정치적 비극은 왕과 왕비가 옥좌에 앉아 있는 사이 태종(방원)에 의해 이루어졌다. 왕과 왕비는 부둥켜안고 눈물만 흘리며 상왕의 하는 짓을 바라볼 뿐이었다.

세종대왕은 이 일로 일생 동안 왕후에게 사죄하는 마음으로 살아간 것 같은 흔적이 곳곳에 남아 있다. 이 사건은 태종이 당신 사후에 외척에 의해 왕실이 농락당할까 봐 미리 그 세력을 제거하기 위해 꾸민 일이라는 해석이 유력하다.

왕을 괴롭힌 일은 또 있었다. 큰며느리인 세자빈의 부도덕한 일들이었다.

첫 번째 세자빈인 김씨는 투기가 심해 왕세자가 아끼는 궁녀의 신발을 훔쳐다가 불에 태우고, 속옷 속에 뱀의 정액을 숨겨 두는 등 주술을 부리다가 들켜 폐출당했다.

두 번째 맞은 봉씨 역시 비극을 가져왔다. 세자빈 봉씨는 날마다 음란한 노래를 일삼아 불렀다. 어느 날은 남자들이 사용하는 변소 옆에 숨어 서서 남자들이 일보는 모습을 몬사 보며 야릇한

미소를 짓다가 사람들에게 들키기도 했다.

권씨 성을 가진 궁녀가 세자의 아기를 잉태하자 질투로 눈이 뒤집힌 세자빈은 자기도 아기를 가졌다고 왕과 왕비를 속이는 일까지 생기게 되었다.

왕은 다시 봉씨를 폐빈하고 말았다.

"너무 음란하고 부끄러운 일이니 기록에는 자세히 남기지 말라."

왕이 사관들에게 말했으나 실록에는 더 자세하게 적었을 뿐 아니라 왕이 적지 말라고 말했다는 내용까지 적혀 있다. 사관들의 서릿발 같은 춘추 정신을 엿볼 수 있는 자료이다.

재위 28년 서기 1446년 마침내 한글을 완성하여 반포하고 헤일 수 없이 많은 업적을 남긴 세종대왕은 그로부터 4년 뒤인 등극 32년 만인 2월 17일 마침내 영응대군의 집에서 눈을 감았다. 당시 춘추가 54세였다.

오늘을 사는 나라의 지도자들이 다시 한 번 세종을 배워야 할 때이다.

진주 살인사건과 한글창제

TV 드라마 〈뿌리 깊은 나무〉나 〈대왕 세종〉은 세종 임금 시대를 배경으로 하고 있다. 세종 임금의 치적보다는 창작이 대부분인 활극, 무협을 위주로 만들어 시청자의 눈을 끌려고 하는 것 같다. 아무리 창작이지만 역사의 줄기는 건드리지 않는 것이 좋지 않을까 하는 생각이 든다.

세종 임금의 많은 업적 중에서 제일 먼저 꼽는 것은 역시 한글의 창제일 것이다.

세종 임금이 "어리석은 백성이 읽고 싶어도… 제 뜻을 펴지 못해….”처럼 문맹 백성을 가엾게 여겨 쉬운 글자 한글을 만든 것은 우리가 다 아는 일이다.

그러나 세종 임금이 한글을 만들 결심을 하게 된 동기는 살인 사건에 있었다고 필자는 생각한다. 필자가 《대왕 세종》이라는 3권짜리 역사소설을 쓰면서 알게 된 사실이다.

세종 10년 9월 27일자 《조선왕조실록》에는 다음과 같은 기록이 있다.

> – 형조에서 아뢰기를 진주 사람 김화金禾는 제 아비를 죽였사오니, 율에 의하여 능지처참하소서.
>
> 하니 그대로 따랐다.
>
> 그리고 세종 임금이 탄식하기를
>
> –계집이 남편을 죽이고, 종이 주인을 죽이는 것은 혹 있는 일이지만, 이제 아비를 죽이는 자가 있으니 이는 반드시 내가 덕이 없는 까닭이다.

세종 임금은 백성의 강상을 범한 극악한 살부殺父사건을 자신의 잘못인 양 탄식하고 반성한다.

오늘날 우리의 최고 권력자는 국민의 잘못에 대해 과연 이렇게 겸허한 자세로 반성하고 자책하는 지도자가 있을까?

이 사건으로 세종 임금은 크게 충격을 받고 근본적 재발 방지책에 몰두한다. 원인을 캐던 임금은 백성의 도덕 교육이 부실한 데서 온 범죄라는 결론을 내렸다. 백성들을 교육시키려면 도덕 교과서가 필요하다고 생각했다.

그래서 6년 뒤 범국민용 교과서로 충신, 효자, 열부 이야기를 모아 《삼강행실三綱行實》이라는 책을 편찬케 했다. 이 책은 범국민 도덕 재무장 교과서로 직제학 설순이 주도하여 편찬 간행했다.

그러나 대부분의 일반 백성들이 소위 진서眞書라는 한문을 몰라 익히고 배울 수가 없었다. 이를 답답하게 생각한 세종 임금이 어느 날 무릎을 탁 쳤다.

"옳지. 한자를 모르는 백성도 알아보게 그림을 그려 넣자."

그렇게 해서 당대 제일의 화가인 안견 등을 시켜 《삼강행실》에 그림을 곁들이게 했다. 안견은 유명한 〈몽유도원도〉를 그린 화가이다.

그림 곁들인 《삼강행실도》, 말하자면 '만화로 보는 도덕책'이었다.

그러나 이 책 또한 완전하지 못했다. 오디오가 없는 영화 같았나.

'백성들이 쉽게 배워 편하게 쓸 수 없는 글이 없을까?'

이 작업에 골몰한 세종대왕은 마침내 한글을 창제하기에 이른다.

그러나 진주의 아비 살해범이 한글 창제의 숨은 공로자(?)라고 생각한다면 물론 망발이다.

부처님 눈과 돼지의 눈

조선 왕조를 세운 태조 이성계는 혁명아요, 무골이면서도 때로는 마음 여린 여자 같기도 했다. 왕조실록이나 야사에 전하는 그의 인품은 흔히 세상에 알려진 것과는 달리 인정 많고 유머 감각이 풍부한 왕이란 것을 느끼게 한다.

그의 일화 중에 무학 대사로 더 잘 알려진 자초自超와의 사이에 있었던 유머 한 토막은 특히 유명하다. 어느 날 자초와 함께 식사를 즐기고 있던 태조가 돌연 장난기가 동해서 자초 대사를 보고 느닷없는 농을 걸었다.

"국사, 오늘 국사의 얼굴을 자세히 보니 국사는 꼭 돼지를 닮았구려, 하하하."

이 어처구니없는 말에 자초가 아주 재치 있게 대답한다.

"전하, 제 얼굴이 그렇게 보입니까? 소승의 눈에는 전하가 부처님처럼 보입니다. 하하하…."

자초가 뜻밖의 말로 태조의 농을 받아넘기자 태조가 다시 물었다.

"아니, 자기를 돼지처럼 보인다고 욕했는데 어찌 그리 밸도 없는 말을 하시오?"

"하하하, 원래 부처의 눈에는 부처만 보이고 돼지의 눈에는 돼지만 보인답니다. 하하하…."

이 풍자는 오늘을 사는 우리에게 큰 교훈으로 남는다. 남을 좋게 보아주지 않고 남의 약점만을 들추어내 그것을 자기 출세의 발판으로 삼는 사람들에게 남겨 주는 좋은 교훈이다.

우리 주변에는 눈살을 찌푸리게 하는 일들이 지금 너무 많이 일어나고 있다. 정치인들은 자당의 이익을 위해 삿대질 맞고함질을 치면서 날마다 싸우고 있고, 양약이다, 한약이다 하고 자기 이익을 위한 싸움도 거리에까지 뛰쳐나와 몇 년째 세상을 소란스럽게 하고 있다. 이것이 모두 자기 아닌 남을 보는 눈이 부처가 아니기 때문일 것이다. 실사 상대가 실수를 했다고 하더라도 용서하는 마음으로 상대를 보지 않기 때문에 일어나는 일일 것이다.

한자 숙어에 절영絕纓이란 말이 있다. 직역하면 갓끈을 끊는다는 말이나, 그 참뜻은 남의 과오를 덮어준다는 중국 전국 시대의 고사에서 유래한다.

초나라의 장왕莊王이 어느날 신하들과 늦도록 연회를 베풀고 있었다. 날이 어둑해지자 한 신하가 임금 애희愛姬의 손목을 슬그머니 잡는 실수를 술김에 저지르고 말았다. 갑자기 성추행(?)을 당한 애희는 어두워 범인의 얼굴을 잘 식별하지 못해 그의 갓끈을 잡아당겨 끊어 버렸다. 일이 이렇게 되자 장왕도 눈치를 챘다. 그러나 왕은 범인을 찾아내 망신 주지 않고 오히려 그를 감싸기 위해 엉뚱한 제의를 했다.

"경들은 불을 밝히기 전에 모두 자기의 갓끈을 끊도록 하시오."

불이 켜지자 모든 대신들이 끈 떨어진 갓을 쓰고 있었다. 그 뒤 초나라가 위기에 처할 때마다 늘 선봉에 서서 나라를 구하는 일을 한 한 신하가 있었는데, 그가 곧 연회에서 애희의 손을 잡았다가 갓끈이 끊긴 그 신하였다.

세상의 모든 일을 너그러운 눈으로 보고 누구나 저지를 수 있는 작은 실수를 애정으로 감싸 준다면 오늘 우리 주변, 가정이나 직장, 또는 사회에서 일어나고 있는 아귀다툼은 현저하게 사라질 것이다. 요즘 세상이 남을 보는 눈을 착하게, 남의 실수를 용서하는 관용이 더욱 절실하게 요구되는 시대인 것 같다.

笑자 이야기

우리 조상들은 전혀 웃지 않고 살았을까?

내가 요즘 역사소설을 좀 쓰느라 《조선왕조실록》을 정독하고 있다. 그중에도 《세종실록》은 완독을 했다. 알다시피 왕조실록은 세계에서 유일한 왕조 다큐멘터리다. 매일 전국에서 일어나는 일을 신문보다 더 자세하게 적어 놓았다. 경상도 어느 집 며느리가 시어머니를 때렸느니, 전라도 어느 과부가 사촌과 간통을 했느니 하는 것부터 낮에 별이 나왔느니 세종 임금이 밤 12시까지 술 마시고 춤추었느니 하는 기록도 물론 있다.

그런데 기이한 것은 그 많은 기록 중에 즐겁게 '웃었나.' 는 기록은 단 한 건도 없다. 실록은 전 문장이 한자로 씌여졌다. 우리가 쓰는 한자 중에 웃는다는 뜻으로 쓴 글자는 대표적인 것이 소笑자이다.

《세종실록》은 무려 263권이나 된다. 32년간 재위했으니 기록이 많을 수밖에 없다.

그런데 그 방대한 기록 중에 웃음에 관한 것은 단 일곱 마디뿐이다. 웃을 소자가 나오는 경우는 12케이스인데 5케이스는 소서시笑西施 등 이름자에 나오는 것이다.

일곱 단어 웃음은 비웃는다고 하는 기소譏笑가 두 번, 역시 비웃는다는 뜻의 조소嘲笑가 두 번, 그리고 비난하며 비웃는 빈소嚬笑가 한 번이다.

기뻐서, 혹은 좋아서, 반가워서 웃는 웃음은 한 번도 없다.

우리나라 사람은 잘 웃지 않는 모양이다. 아니면 웃는다는 것은 천한 행위이고 해서는 안 되는 짓쯤으로 생각하는 모양이다. 서양 사람들은 길가다가 마주치는 사람들은 모두 웃으며 인사를 한다. 우리나라 사람들이 길가다 모르는 사람을 만나 웃으면 영락없이 기분 나빠 한다.

'저 사람이 나를 보고 웃어? 허허허. 미친놈 아냐!'

왕조실록이 왜 그렇게 쓰여졌는지 알만하다.

그러나 지금은 웃지 않는 민족은 망한다. 웃지 않는 회사도 성공 못한다. 글로벌 시대의 예절 제1조는 웃음이다. 우리는 웃는 법을 배워야 한다. 웃으면 복이 오고, 출세도 하고, 미치지도 않는다.

웃음의 전도사(사실은 권사지만)를 자처하는 내 친구 전영호 씨가 있다. 그는 일생 동안 웃음만 팔아먹고 사는 사람이다. 내가 《스포츠 신문》 편집국장으로 있을 때 '개그펀치' 라는 칼럼을 만들어 독자들을 웃기는 작업을 했었다. 덕택에 신문은 날개가 돋쳤었다.

이제 웃는 법 좀 배우자. 잘못 웃어서 쫓겨나는 일 없도록 웃는 법을 배우자.

PART 5

시인 구상, 박 첨지 하야를 권하다

구상 선생의 이야기를 하려니 제일 먼저 생각나는 것이 대통령을 늘 박 첨지라고 부르던 일이다.

이 일화는 구상 선생의 치열한 구도 정신과 겸허한 생활철학, 그리고 투철한 국가관과 정의에 대한 참다운 용기를 보여준 이야기다.

1979년 9월. 박정희 대통령의 장기 집권에 대항하는 반유신 민주화 운동이 전국을 휩쓸고 있을 무렵이었다. 정권 연장을 위해 유신을 선포한 뒤였다. 부산과 마산을 중심으로 일어난 극렬한 시위 때문에 부분 계엄령이 선포되기도 했다. 소위 '부마사태' 였다.

"이 국장, 나 구상이오. 요 앞을 지나다가 생각이 나서 13층 찻집(송현클럽)에 와 있으니 바쁘지 않으면 차 한잔 할까요?"

그때 나는 중학동에 있던 한국일보사 편집국 부국장 겸 종합 편집부장이었다. 선생은 대학교 제자이며 영남일보사 후배인 내게 말을 놓지 않았다.

차 한 잔을 놓고 마주 앉자 선생은 언제나 그랬던 것처럼 온화한 모습으로 나를 건너다보았다.

"웬일로 여기까지 오셨습니까?"

"청와대에 들러서 박 첨지 좀 만나고 오는 길에 들렀소."

박정희 대통령을 만나고 오는 길이란 말이었다.

"이제 임자가 물러날 때가 된 것 같소 하고 말하고 오는 길이오."

"예? 박통(박 대통령 약칭)에게 그런 말씀을…."

놀라지 않을 수 없었다. 서슬이 시퍼런 최고 권력자에게 면전에서 물러나라고 했다니 간담이 서늘한 이야기였다. 그러고도 무사히 여기까지 왔다는 것이 믿기지 않았다.

"나라가 어지럽지 않게 육사 11기생이 참모총장이 되게 하고 물러나는 게 좋겠다고 했어요."

당시 육사 11기생은 김복동, 전두환, 노태우, 정호용 등 소장들이었다.

"왜 11기입니까?"

선생은 6 · 25한국 전쟁 때 종군작가였기 때문에 군의 사정을 잘 알고 있었다.

"11기생이 육사 4년제 정규 졸업생들이기 때문이오. 박 첨지가 물러나면 시끄러운 일이 많을 테니 군의 책임자가 중요한 일을 할 것 같아 한 말이지요. 시국이 어지러우니 나라도 나서서 한 마디 해야겠다는 생각에 박 첨지를 찾아간 것이지요. 허허허."

선생은 씁쓸하게 웃었다.

"대통령이 그 말씀을 받아들이던가요?"

"아무 대답도 하지 않고 현관까지 배웅만 해주더군요. 참 안됐어요."

나는 선생의 그 엄청난 용기와 진심으로 친구를 아끼는 마음에 가슴이 뭉클했다.

구상 선생과 박 대통령의 인연은 오래전부터였다. 1950년대 한국전쟁 때 구상 시인은 국방부서 발행하던 《승리일보》라는 신문의 주간이었고, 종군작가단 부단장이었기 때문에 국군 장교들과 넓은 친분을 가지고 있었다. 특히 박정희 장군과 친밀하게 지냈다. 5 · 16 쿠데타가 있기 전인 1950년대 말 박정희 장군이 대구의 제2군 사령부 부사령관으로 근무할 때 대구 《영남일보》 편집 국장과 청구대학 교수로 있던 구 선생과 자주 어울렸다. 밤을 새워 술잔을 기울이며 나라 걱정을 하기도 했다.

5 · 16 쿠데타 직후 박정희 국가재건 최고회의 의장은 구상 시인을 급히 찾았다. 미국에 가달라는 부탁을 했다. 아마도 미국 대사직을 맡으라는 청이었던 것 같다. 그러나 구 선생은 거절했다. 그 뒤도 자주 찾아 군사정부에서 역할을 좀 해 달라고 부탁했으나 번번이 거절했다.

"내 사무실 앞에 방을 하나 비워 두었소. 어서 오시오."

그러나 박 장군의 요청을 받아들이지 않았다. 공보 책임자나 군사정부 고문직을 제의했으나 모두 거절했다.

"나를 남산골 샌님으로 그냥 두세요."

정치에 뜻이 없던 구 선생은 서울에 더 있다가는 견디기 어려운 일이 생길지 모른다는 생각에 일본으로 건너갔다. 《경향신문》 동경지국장이라는 간판을 들고 박 장군의 눈에서 벗어났다. 그러나 지병인 결핵이 악화되어 병원에 입원하자, 이 소식을 들은 박 장군이 비서를 시켜 입원비를 보내주고 병상을 지키게 했다. 일본에서 돌아온 뒤도 구 선생은 정부에 들어가지 않았다.

한번은 박 대통령이 훈장을 주겠다고 했으나 그것도 받으러 가지 않았다.

"내가 국가를 위해 특별히 한 일이 없는데 웬 훈장입니까?"

그러나 박 대통령이 직접 훈장을 주기 위해 구 선생을 청와대로 초청했다.

"어쩔 수 없이 청와대로 가기로 했지요. 그런데 신당동 집을 나서서 버스를 타고 갔는데 버스가 너무 늦어 한 시간 뒤에 도착했지요. 박 첨지가 한 시간 가까이 기다리다가 나한테 훈장 꼭 받으라는 편지를 써두고 나갔더군요. 허허허, 내가 뭐 인물이나 되나요?"

그때 구 선생이 씁쓸하게 웃으면서 나한테 한 말이었다.

구상 선생이 청와대에 다녀온 지 한 달 뒤 박 대통령은 시해를 당했다. 선생은 친구이자 대통령인 그의 비극적인 최후를 무척 안타까워했다.

대한민국의 운명은 아이러니컬하게도 구 선생의 예언을 되새기게 했다. 선생은 육사 11기생이 결국 계엄사령관이 되고 혼란스러운 정국의 주역이 될 것이라는 것을 예측한 것 같았다. 그러나 11기들은 나라를 독재의 구렁텅이로 몰아넣고 말았다.

잡으러 오기를 기다리며

유신의 서슬이 시퍼렇던 1970년대 중반의 일이었다. 내가 일하던 《한국일보》에 일요일자마다 〈일요 아침에〉라는 제목으로 명사의 칼럼이 한 편씩 실렸다. 권혁승 편집국장이 만든 칼럼이었다. 이 칼럼이 꽤 인기가 있었다. 의식 있는 필자들이 시국을 비판하거나 풍자하는 글을 더러 썼기 때문이었다. 한때는 계엄 검열단의 눈 밖에 나서 곤욕을 치르기도 했다.

이 칼럼에 구상 시인의 글이 실린 일이 있었다. 내용은 남북문제에 관한 것이었는데, 이제 마음을 열고 북쪽과 대화를 할 때라는 의견을 내놓은 것으로 기억한다. 그런데 이 내용이 문제가 되었다.

당국에서 용공적容共的이 아니냐며 시비를 걸었다. 정보기관에서 편집국에 들어와 원고를 압수해 가고 칼럼을 게재하게 된 경위를 조사했다. 원고 청탁을 했던 나는 당연히 조사를 받았고, 그 글의 데스크를 맡은 간부도 조사를 받았다. 요즘 잣대로는 아무 문제도 없는 내용이었지만 그 당시로서는 파격적이었다.

당국에서 새어 나오는 정보로는 이 일로 구상 선생이 연행돼 조사를 받게 되고, 경우에 따라서는 구속이 불가피할지도 모른다고 했다. 구 선생은 자유당 정권 때도 느닷없는 문인 간첩단 사건으로 옥고를 치른 일이 있었다. 당시는 군사정부의 서슬이 시퍼렇던 시절이라 지식인들이 툭하면 연행되어 신체적 고통을 겪고 나오곤 했다. 언론인들도 무수히 끌려가 고문을 당하고 나왔다. 나도 여러 번 불려간 경험이 있다. 구속되어 한 달 이상 갇힌 일도 있었다.

나는 공연한 일로 은사를 곤경에 처하게 만든 것이 아닌가 하고 죄스러운 마음을 금할 수 없었다. 당국이 곱지 않은 시선으로 선생을 보고 있기 때문에 곤욕을 치를지 모른다고 선생께 귀띔을 해드렸다. 그 무렵에는 당국에 끌려가면 기소가 되지 않더라도 엄청난 고초를 겪고 나오기 마련이었다.

"허허허. 내가 이상한 소리 쓴 것이 아니라오. 지금쯤은 당연히 그런 주장이 나와야 해요."

선생은 조금도 흔들리지 않았다. 나는 날마다 선생이 걱정되어 전화를 걸어 안부를 여쭈었다.

"이 사람들 아직 잡으러 오지 않았어요. 한복 한 벌 옆에 준비해 놓고 기다리고 있다오. 비겁하게 도망갔다고 할까 봐 외출도 못하고. 허허허…."

선생은 북쪽에서 발표한 《응향凝香》이라는 시집이 반동으로 몰려 남으로 탈출해 온 분이지만 북한에 대한 시각은 전진적이고 평화적이었다.

일제 강점기에 원산에서 《북선매일신문》 기자를 하던 구상 선생은 해방 후 시를 쓰기 시작했다. 구 선생이 북한에서 처음 낸 시집 《응향》은 이중섭 화백이 표지 그림을 그렸다. 그러나 이 시집이 반동으로 몰렸다. 조선문학예술가동맹에서 우익 반동으로 몰아 대대적인 탄압을 시작했다. 시집 중에 특히 〈여명도黎明圖〉라는 시가 문제가 되었다.

> 동이 트는 하늘에
>
> 가마귀 날어

밤과 새벽이 갈릴 무렵이면

가스비미낭 수싱헌 이 기리는 무시운 골목

말굽 소리 말굽 소리

창칼 부닥치며 살기殺氣를 띠고

백성들의 아우성 또한 처연凄然한데

떠오르는 태양 함께

〈여명도〉의 한 구절이다. 구 선생은 더 견딜 수 없어 남쪽으로 탈출했다. 한국전쟁 때 종군기자였던 구 선생은 그 후 영남일보사 주필 겸 편집국장을 맡았다. 구 선생은 이승만 정부의 독재 정치를 그냥 보고 있지 못했다. 신문에 사설과 칼럼으로 독재 정부를 격렬하게 공격했다. 이 글을 모아서 낸 정치 평론집 《민주고발民主告發》이 판매 금지되고 구 선생의 숙소에는 헌병들이 총을 쏘면서 처들어 오기도 했다.

온갖 고초를 겪으면서도 소신을 굽히지 않던 구 선생은 마침내 터무니 없는 간첩 사건의 누명을 쓰고 옥고를 치르게 되었다. 소위 '레이더 사건' 으로 불리는 이 사건의 내막은 참으로 황당했다. 구 선생의 친구가 미군 부대에서 흘러나온 라디오나 무선기용 진공관 2개를 사서 일본에 있는 사위에게 보냈는데, 이것을 북한 공

작원이 레이더를 만드는 일에 참여했다는 혐의로 구속되었다. 곁에 있던 구 선생은 친구라는 명목으로 함께 구속되었다. 반정부적인 평소 행동에 보복을 가한 것이었다. 이 사건으로 19년의 구형을 받기도 했다. 그러나 재판정에서도 구 선생은 굽히지 않았다. 사형 아니면 무죄를 달라고 항변한 사건으로 유명하다.

구 선생의 독재 정권에 대한 불같은 저항 정신은 변함이 없었다.

'일요 아침에' 사건이 있은 지 며칠 뒤 걱정에 싸인 나에게 선생이 전화를 걸어왔다.

"이 국장, 이제 걱정 마시오. 정부에서 일하는 L군 알지요? 왜 《한국일보》 출신으로 남북조절위서 일하는… 그 사람이 어제 케이크 한 통 들고 와서 심려 끼쳐 죄송하다고 하고 갔어요. 박 첨지(대통령)한테 나를 잡아넣겠다고 상신했다가 아마 도리어 야단을 맞은 것 같아요. '당신들이 구상한테 남북관계 설명을 게을리해서 그런 일이 일어났으니, 가서 사과드리고 좋은 정보 많이 알려주라.' 고 하더래요. 허허허… 박 첨지도 참."

이튿날 선생이 중학동 나의 근무처로 찾아와 함께 냉면을 먹으며 안도 섞인 쓴웃음을 지었다.

중광 스님을 세상에 소개하다

"이 부장, 내가 시 한 편을 썼는데 좀 실어주시오."

내가 《한국일보》 편집국에서 일할 때였다. 어느 날 아침에 선생이 전화를 걸어왔다. 우리는 무교동에 있는 남포면옥이라는 냉면집에서 만나 점심을 한 뒤 시 한 편을 건네받았다. 남포면옥은 마당에 수십 개의 김칫독을 묻어 놓은 집으로 유명했다. 김칫독마다 담근 날짜를 적어 팻말을 세워 놓았었다.

내가 받은 원고는 시 제목이 〈걸레 스님〉이라고 되어 있고 '세상을 쓸겠다는 중광…' 이라는 부제가 달려 있었다.

중광 스님이라는 이름도 처음 들었을 뿐 아니라 독실한 가톨릭 신자인 선생이 걸레라는 스님을 칭송하는 시를 써서 신문에 발표하겠다니 희한한 일이었다.

《한국일보》에는 창설자인 장기영 사장의 지시로 매일 아침 제1면에 시 한 편씩을 싣고 있었는데 이런 일은 신문 사상에 드문 일이였다. 장기영 사장은 정부 일과 IOC 일로 외국에 자주 나가 있었는데, 매일 저녁 편집국에 전화를 걸어 사설과 1면 시단詩壇을 챙기곤 했다. 선생은 이 일을 대단히 소중하게 생각하여 세계 펜클럽대회에서 《한국일보》에 감사장을 보내자는 제의까지 한 일이 있었다.

겉도 안도 너덜너덜
그 걸레로 이 세상 오예汚穢를
모조리 훔치겠다니 기가 차다.

먹으로 휘갈겨 놓는 것은
달마達磨 뒤통수,

어렵쇼, 저 유치찬란.

너를 화응和應하기엔 실로 뇌나.

허지만 내 삶의 허덕허덕 마루턱에서 느닷없이 만난 은총의 소나기.

이런 구절로 시작되는 시였다.

이 시가 중광이라는 괴짜 천재인 한 예술가를 세상에 알린 계기가 되었다. 그 뒤 중광과 선생은 자주 만나 예술과 인생, 종교에 대한 화두를 많이 만들었다.

그러나 워낙 괴이한 행동을 일삼는 중광을 못마땅하게 생각하는 주위의 시선은 곱지만은 않았다.

어느 날 선생과 절친하게 지내는 유명한 박삼중 스님이 중광의 언행이 혹시 선생의 명예에 누가 될까 걱정스러워

"선생님, 그 미친 짓만 하고 다니는 중광을 너무 가까이하지 마십시오."

하고 충고한 일이 있었다. 그러나 선생은 "내가 이미 중광을 알았으니 그럴 수가 없어요."하고 대답했다. 박삼중 스님도 뒤에 그 말한 것을 부끄럽게 생각한다고 했다.

선생의 둘째 아들인 성이 결핵을 앓고 있을 때 중광은 그의 지

료비를 마련하기 위해 전시회를 열고 그 수입금을 몽땅 들여 성을 요양원에 입원시키기도 했다. 그러나 중광 못지않게 괴짜 행각을 벌여온 성은 치료를 마다하고 요양원을 뛰쳐나온 뒤 끝내는 요절하고 만다.

중광 스님과 대판 싸움

구상 시인은 중광 스님, 천상병 시인과 함께 《유치찬란幼稚燦爛》(삼성출판사 1989)이라는 시화집을 낸 일이 있다. 이 책에서 보여주듯이 선생은 천진스럽다 못해 유치하다고 느낄 정도로 우리의 미소를 자아내게 하는 행동을 많이 해 왔다.

1992년 공초空超 오상순 기념사업 기금 모집 행사로 문인 소장품 바자회를 열었을 때의 일이다.

이 일은 구상 선생이 주도를 했는데, 많은 문인들이 소장품을 내놓았다. 중광도 작품 몇 편을 출품했다.

프레스 센터 전시장에는 매일 두 사람이 출근하다시피 했다. 그

건물에 근무하며 전시회 후원에 연관이 있던 필자는 전시장에 자주 들렀었다.

필자가 그 일에 관여하게 된 것은 선생의 병문안을 갔을 때, 선생이 백내장 수술을 위해 여의도 성모병원에 입원했을 때부터였다.

"공초가 후손이 없는데 내가 죽고 나면 성묘할 사람이 없을 것 같아 눈을 감을 수 없어요. 그래서 눈 수술을 하려고 하는데… 내 눈감기 전에 기금이라도 좀 만들어서…."

선생은 눈물이 글썽했다. 백내장이 왔으니 그 일과는 상관없이 수술을 해야 했다. 그러나 선생은 공초 묘를 돌봐야 하는 것을 당신의 사명처럼 생각했다.

"선생님, 제가 좀 힘 써보겠습니다."

필자가 근무하던 서울신문사가 후원하는 모금 전시회가 열렸다. 전시회가 열리던 어느 날 점심시간에 필자가 전시장에 들렀는데 뜻밖의 풍경이 벌어지고 있었다.

"이 화상아, 그걸 말이라고 하는 거냐!"

구 선생이 몹시 화가 나서 중광 스님을 큰소리로 나무라고 있었다.

"좋아요. 그럼 제가 선생님 곁을 떠나면 될 것 아니요. 나 더러

워서 선생님과 같이 못 있겠어요."

중광도 봅시 화가 난 듯 큰소리를 지른 뒤 벌떡 일어서서 나가 버렸다.

"그래 잘 생각했어. 다신 내 앞에 나타나지 마라!"

그러나 1분도 안 돼 중광 스님이 전시실로 도로 들어와 선생 앞에 섰다.

"나타나지 말라는데 왜 왔어?"

"떠나더라도 선생님께 인사는 올리고 떠나야 할 것 아닙니까?"

그러더니 스님이 땅바닥에 넙죽 엎드리며 구 선생에게 큰절을 올렸다.

"선생님, 영원히 안녕히 계십시오."

구 선생이 인사를 받지 않기 위해 고개를 돌리고 있는 사이 중광은 다시 전시실을 휭하니 나가 버렸다.

그러나 그 이튿날 필자가 들렀을 때 전시실에서는 선생과 스님이 머리를 맞대고 무언가를 열심히 의논하고 있었다.

구상 시, 중광 삽화로 발행한 시화집 《유치찬란》이란 책의 서문에는 다음과 같은 구절이 있다.

– 어쩌거나 온 세상이 전략적 가치, 즉 소유所有와 이해利害에 쏠려서 북새를 떠는 그 속에서 우리는 저런 순진을 지니려고 애쓰고 또 살아온 것만은 사실이다.

돌아온 사형수 아들

선생은 늘 정갈한 한복 차림으로 여의도의 집필실 관수재에서 손님을 맞았다.

구상 선생은 독실한 가톨릭 가문 출신임에도 스님들과 교분이 두텁고 불교에 대한 지식도 깊었다.

중광 스님뿐 아니라 서옹西翁 스님, 경봉鏡峰 스님과도 가깝게 지냈으며 죄수들의 영혼을 구하기 위해 힘쓴 박삼중朴三中 스님과는 더욱 가까웠다.

한번은 박삼중 스님이 사형이 확정되어 집행일만 기다리는 C씨를 구명하기 위한 운동을 벌였다.

그 소식을 들은 선생이 동참하기를 자청했다. 선생은 C씨를 면회하고는 그의 결백을 확신했다. 선생은 그를 양아들로 삼고 옥바라지를 하며 구명 운동에 나섰다. 그로부터 7년 동안 양아들의 생명을 건지기 위한 노력은 계속되었다.

어느 해 어버이날이었다. 박삼중 스님을 만난 선생은 스님의 손을 잡고 하염없이 눈물을 흘렸다.

"오늘 옥중의 자식 놈이 편지를 보내왔어요. '아버님 가슴에 카네이션 한 송이 달아드리지 못하는 불효자를 용서하십시오.' 하는 내용이었어요. 나 얼마나 가슴이 메는지…."

선생이 양아들의 결백을 주장하는 탄원서를 역대 대통령을 비롯한 관계 요로에 수없이 보내는 등, 끈질긴 노력이 보람이 있어 양아들은 7년 만에 무기 징역으로 감형되었다.

어느 날 양아들의 어머니가 구 선생에게 고마움을 표시하기 위해 박삼중 스님을 앞세우고 구 선생을 찾아왔다. 그러나 선생은 펄쩍 뛰며 만나주지 않았다.

"나는 아무것도 한 일이 없는데 어찌 인사를 받는단 말이오. 모두 스님이 한 일이니 스님이나 인사 받으시오."

선생은 끝내 C씨의 어머니를 만나지 않았다.

그러나 삼중 스님은 선생을 뒷방으로 불러 인삼꾸리미를 전해

주며 나직이 부탁했다.

"노모가 여기를 나가시면서 이것을 잡숫고 아들이 석방되어 나올 때까지 오래오래 사시라고 전하라 하였습니다."

그 뒤에도 선생은 김대중 대통령에게도 편지를 보내는 등 꾸준한 석방 운동을 했다.

선생의 양아들은 마침내 15년 만에 세상 빛을 보게 되었다.

사형이 확정된 기결수가 석방되어 살아나온다는 것은 우리나라 행형 역사상 기적 같은 일이었다.

구 선생의 양아들 C씨가 석방되던 날 법무장관을 지낸 배명인 씨가 석방을 축하해 점심을 내기로 해서 모두 한자리에 모였다.

"오늘 점심값은 초청한 제가 내겠습니다."

배명인 전 법무장관이 선수를 치자 구 선생이 펄쩍 뛰었다.

"무슨 소리요. 아들이 석방되어 한량없이 기쁜 사람은 애비인 나요. 그러니 오늘 점심은 내가 사는 것이오."

선생의 뜻이 너무나 간곡해서 아무도 딴소리를 못했다.

선생이 돌아가신 뒤 내가 빈소에 갔을 때 그 양아들이 한없이 슬픈 얼굴로 영정을 지키고 있었다.

아들이 죽어도 강의는 쉴 수 없다

결핵 요양원을 뛰쳐나가 자취를 감추며 기행을 일삼던 구상 선생의 둘째 아들 성이 마침내 아버지보다 먼저 세상을 떠났다.

성이 입원했던 병원에서 운명했다는 연락을 내게 해준 사람은 성의 개인 운전사였다. 성은 오랫동안 폐결핵을 앓고 있었는데 전혀 병 고칠 생각을 하지 않는 생활을 하고 있었다. 가족들이 병원에 입원을 시켜 놓으면 밤중에 병원을 탈출해 행방을 감춘 일이 한두 번이 아니었다. 기행을 일삼는 그의 생애에서 병마는 아무 장애물이 될 수 없다고 생각하는 것 같았다. 구상 선생도 젊은 시절 폐결핵을 앓아 한쪽 폐를 잃고 살았다.

나는 죽은 아들보다 산 아버지가 더 걱정이 되었다. 아들을 앞세운 아버지의 심정이 어떻겠는가 싶어 먼저 여의도에 있는 선생의 거처인 시범 아파트 관수재로 달려갔다.

그러나 선생은 이미 집에서 나간 뒤였다.

병원 영안실로 가셨느냐고 물었더니 그게 아니라고 집을 지키고 있던 선생의 처제가 말했다.

안성에 있는 중앙대학 캠퍼스에 강의가 있어서 갔다는 것이었다. 물론 둘째 아들 성이 운명했다는 전갈을 받은 뒤였다고 한다. 그때 나는 도무지 선생의 뜻을 이해할 수 없었다.

나는 영안실로 가서 문상을 하고 언젠가 오리라고 생각한 선생을 기다리고 있었다. 오후 늦게 강의를 마친 선생이 참담한 얼굴로 병원 영안실에 왔다.

"내가 내 아들한테 후회스러운 일 두 가지를 했소."

선생은 내 손을 잡고 한참 눈물을 흘린 뒤 말을 이었다.

"지금 생각해보니 아비의 잘못이 너무나 커서 후회스럽기 그지없소."

선생은 눈물을 훔치고 한참 동안 격한 숨을 고른 뒤 말을 계속했다.

"첫째 후회스러운 일은, 성이 죽었다는 전갈을 받고도 당장 달려오지 않고 학교로 가서 약속된 강의를 끝낸 뒤 여기로 온 것이오. 내 자식 한 놈 때문에 많은 제자들을 위한 강의를 쉰다는 것은 잘못이라는 생각 때문이었소. 나른 하나는 며칠 전 일이오. 내가 입원했다는 소식을 듣고 병원에 가보니, 성이 떡하니 독방에 혼자 입원하고 있었소. 그 모습을 보고 역정이 났지요. '네 아비가 가난한 시인인데 네가 어찌 이렇게 비싼 방에 있느냐. 당장 옮기라.' 고 호통을 쳤지요. 그렇게 해서 성이 8인실로 옮겨 세상을 하직했지요. 내가 입원비 보태준 것도 아닌데 너무 내 입장만 세우려는 어리석음, 위선 때문에 자식의 정을 끊고 말았구려."

구상 선생은 당신의 그런 행동을 위선이라고 통탄했다.

성은 제법 큰 사업체를 운영하고 있어서 자력으로 입원비를 내고 있었다.

> 마즈막 나는 산 사람보다
>
> 죽은 이들과 더불어
>
> 더 많이 어울리며 산다.
>
> — 구상 선생의 시 〈죽은 이들과 더불어〉에서

이 시는 선생이 두 아들과 부인을 잃은 뒤에 쓴 시이다.

효도 거부한 강직

시인 구상 선생에게는 옥중에 있던 사형수 양아들 외에 2남 1녀가 있었다. 외동딸인 구자명 씨는 지금 소설가이며 교육자로 활약하고 있다.

아들 둘은 병으로 일찍 세상을 떠났다. 두 아들 중에도 막내인 구성은 나한테 자주 찾아와 많은 일을 상의했다. 구성은 성격이 호탈하고 담대해서 기상천외한 일을 잘 저질렀다.

아버지를 닮아 젊은 시절에 폐결핵을 앓았는데 치료를 소홀히 하여 중증에 이르렀다.

옆에서 보다 못한 중광 스님이 자기 그림 50여 점을 내놓고 전시회를 열어 모은 그림값으로 구성을 인천 요양소에 입원을 시켰다. 그러나 구성은 한 달도 있지 않고 병원을 탈출하여 기이한 활동을 되풀이했다.

구성이 군 복무할 때의 일이었다. 내가 구 선생의 사무실(한때 예비역 장성이 하는 관광회사에 고문으로 있었다.)에 갔더니, 선생이 빙그레 웃으며 말했다.

"성이란 놈이 육군 본부 정문에 보초를 서고 있다가 철모와 소총을 벗어던지고 도망을 쳐버렸대요. 허허허…."

선생은 전혀 걱정스러운 표정이 아니었다.

"예? 탈영을 했다고요?"

"보초병이 탈영을 하면 가장 엄중한 처벌을 받지요."

"선생님한테도 연락이 없나요?"

"그래서 헌병대가 법석이 났나 봐요. 잡으러 다니느라고 고생들 하고 있대요."

선생은 남의 이야기하듯 말을 계속했다.

"《손자병법》에는 그런 중대한 군율을 어긴 놈은 즉결처분이라고 했어. 그놈이 그렇게 비겁한 놈인 줄 몰랐어."

그 뒤 구성은 만취 상태로 제 발로 걸어들어와 영창살이를 했다고 들었다.

내가 모 신문사 편집국장으로 있을 때 몇 달 안 보이던 구성이 갑자기 나타났다. 신사복 정장에 넥타이까지 매고 있었으나 얼굴은 결핵을 앓아 병색이 역력했다.

"자네, 꼭 사장님처럼 하고 다니는구먼…."

"예. 제가 사장이 되었습니다."

"뭐라고? 무슨 사장?"

뜻밖에도 그는 꽤 이름 있는 H기업의 대표이사가 되어 있었다. 운전사와 수행비서까지 데리고 나타난 것이다.

놀라운 일이었다. 평소에도 대담한 도깨비장난을 일삼던 그였지만, 도무지 믿기지 않는 일을 저지른 것이다.

"오늘은 형님께 부탁이 있어서 왔어요."

말투도 진짜 사장님처럼 점잖게 바뀌었다.

"무슨…?"

"제가 돈을 좀 벌었거든요. 그래서 아버지한테 조그만 효도를 한번 하려고 하는데 아버지가 영 받아들이지를 않아요."

"어떤 효도?"

"운전사가 딸린 자가용을 한 대 사서 드렸는데 전혀 거들떠보지도 않아요. 지하철과 버스를 몇 번씩 갈아타고 다니시는 모습이 안타까워…."

그의 말인즉 자가용차를 마련, 아버지가 거처하는 여의도 관수재 아파트 앞에 매일 아침 출근해서 기다리는데, 구 선생은 외출하면서 차와 운전사는 거들떠보시지도 않고 걸어나가서 버스를 탄다는 것이었다.

"형님이 아버지께 제발 자가용 타시라고 좀 말씀해 주시지 않겠습니까? 아시다시피 아버지는 당뇨를 비롯해 수십 가지 병을 앓고 계시지 않습니까?"

구상 선생다운 행동이었다. 나는 듣지 않을 것이란 것을 알면서 관수재로 찾아가 차를 이용하시는 게 어떠냐고 넌지시 권유를 했다.

"아니, 그놈이 정상적인 방법으로 어떻게 그 많은 돈을 단번에 벌 수 있단 말이오. 필경 협잡질을 해서 남의 돈을 뺏은 것일 텐데 내가 어찌 그 차를 탄단 말이오."

선생은 이렇게 말하며 허탈하게 웃었다.

한번은 구성이 전화를 걸어 내일 오후 5시에 H화랑에서 친구의 그림 전시회가 있는데 꼭 좀 나와서 테이프 커팅을 해달라고 했다. 구성이 한번 말을 꺼내면 안 하고는 못 배긴다는 것을 아는 나는 그 시간에 맞춰 화랑으로 갔다.

내가 전시장에 들어서며 놀란 것은 그림 때문이 아니라 구성의 기이한 모습 때문이었다.

휠체어를 타고 등에 산소 호흡기를 멘 채 가슴에는 꽃 한 송이를 달고 테이프 커팅을 하겠노라고 기다리고 있었기 때문이다. 얼굴은 창백하고 종잇장처럼 얇았다.

"이 사람아, 이렇게 위중한 몸으로…."

"형님, 아버지께는 말씀하지 마십시오. 제가 이 화가를 워낙 좋아해서 병실에서 몰래 도망쳐 나왔어요."

구성은 숨이 차서 몇 번이나 쉬어가며 말했다.

떠나는 아내에게 마지막으로 '큰돈'

구상 선생의 부인 서영옥 여사가 돌아가셨다는 전갈을 받고 여의도 성모병원 영안실로 달려갔다.

선생은 이날따라 얼굴에 약간의 희색을 띠고 있었다. 사람이 극단적인 슬픔을 느끼면 저런 표정이 되는가 보다 하고 고개를 끄덕이고 있는 나에게 선생이 넌지시 말을 걸었다.

"죽은 뒤 화장한 아내의 모습에서 느낀 것인데, 나는 참 아름다운 여인과 산 행복한 사람이란 것을 알았소. 그래서 오늘 처한테 한번 크게 썼지요."

"예? 크게 쓰시다니요?"

"수의가 50만 원짜리부터 120만 원짜리까지 있는데 어느 것을 하겠느냐고 묻기에 120만 원짜리로 하라고 단숨에 말해버렸죠. 허허허. 마지막으로 그 사람한테 인심 한번 쓴 거요. 허허허."

구 선생은 의사인 부인 덕분에 살림 걱정하지 않고 살았다.

가톨릭 신부인 형님을 따라 신부가 되려고 종교학과에 다녔지만 신부는 되지 못했다.

구 선생의 본명은 구상준이고 구종진 씨의 둘째 아들이다. 어린 시절을 북한 원산에서 보냈다. 젊은 시절 폐결핵에 걸려 병원에 다녔다. 선생은 병원에서 여의사인 서영옥 여사를 처음 보았다. 흰 가운을 입은 처녀 의사는 구 선생 눈에 천사처럼 아름답게 보였다. 서영옥 여사도 구 선생을 처음 본 뒤 "나의 운명이다. 바로 저 사람이다."라고 마음속으로 외쳤다고 한다.

그 뒤 구 선생은 병을 고치기 위해 깊은 산속으로 들어갔다. 머루랑 다래를 따 먹으며 토굴에서 들짐승처럼 몇 해를 살았다고 한다.

그러던 어느 날 산발한 머리에 기진맥진하여 쓰러져가는 한 여인을 토굴 앞에서 만났다. 그 여자가 바로 여의사 서영옥 여사였다. 구 선생을 한 번 본 뒤 잊지 못해 수소문 끝에 병원도 팽개치고 구 선생을 찾으러 나섰다고 한다. 며칠을 헤매다니다가 구 선생의 토굴 앞에 와서 쓰러진 것이다. 구 선생은 오히려 의사를 간호하느라 밤잠을 자지 못했다. 두 사람의 만남과 사랑은 이렇게 극적이고 운명적이었다.

구 선생 부부는 시 〈응향〉 필화 사건으로 북한 당국의 조사를 받았다. 이 사건으로 북한을 탈출해 월남했다.

선생은 아버지가 소속돼 있던 베네딕토 수도원이 있는 왜관에 정착했다. 부인이 그곳에서 병원을 운영하고 선생은 집필실을 '관수재觀水齋' 라고 부르며 시를 썼다. 강을 좋아해서 붙인 당호였다. 선생의 여의도 집필실도 한강을 내려볼 수 있는 곳에 있었다. 거기도 '관수재' 의 당호가 걸려 있었다.

왜관 관수재는 지금은 구상문학관으로 되었다.

영원을 살다

구상 선생은 일생을 구도의 정신으로 살았다. 선생은 가톨릭 신자이면서 모든 종교를 영혼 속에 용해하고 사는 것 같았다. 어느 날 함께 절을 방문하자 선생이 대웅전 앞에서 합장의 예를 올렸다. 내가 곁에 있다가 농을 걸었다.

"선생님, 그거 우상 숭배 아닌가요?"

그러자 선생은 빙그레 웃으며 대답했다.

"모든 종교의 궁극은 같은 곳에 있는 것이오. 다만 어느 길로 가느냐 하는 것만 다를 뿐이지요. 정상에 올라가는데, 남쪽에서 가느냐 북쪽에서 가느냐의 차이뿐이지요. 결국은 정상에서 모두 만나게 되지요. 종국에는 모두 같은 영혼의 세계서 만나지 않는가요? 가톨릭이나 불교나 개신교나 이슬람교나 무슨 차이가 있겠어요."

1988년 선생이 우리 어머니 빈소에 문상을 왔다. 선생은 어머니 영정 앞에 무릎을 꿇고 정중하게 절을 두 번 했다.

"선생님, 그것도 우상 숭배와 다른가요?"

내가 다시 짓궂게 묻자 선생은 역시 빙그레 웃으며 대답했다.

"로마에 가면 로마법을 따르는 법이지요. 또한 하늘나라에 간 사람은 가장 높은 자리에 있는 것이지요."

참으로 우문현답이었다.

선생의 평소 삶은 모든 세속을 초월한 것 같은 순수함을 지녔고 종교 그 자체였다.

선생은 문단에서도 단체의 소속이나 감투를 피해 다녔다. 그러나 후배들을 위해서는 정열을 아끼지 않았다. 특히 후배들의 앞길이나 취직 자리를 위해서는 언제나 앞장섰다.

선생은 변변치 못한 나를 가장 아끼는 제자의 하나라고 자랑하곤 했다. 내가 어느 신문사 임원으로 근무할 때였다. 오후 느지막이 선생이 예고도 없이 원로 문인 세 분과 함께 사무실에 들이닥쳤다. 그리고는 다짜고짜 동행한 원로 문인들을 향해 말했다.

"봤지, 내 제자. 여기서 제일 높은 자리에 있어. 흐흐흐."

아마 원로들끼리 제자 자랑을 하다가 현장 습격(?)을 한 것 같았다.

내가 1987년 추리문학상을 받을 때 선생이 와서 축사를 했다.

“제자가 나와 동업자가 되었어요. 저 사람이 우리나라 신문 기자 중에서는 제일 양심이 보드라운 사람인데 어찌 사람 죽이는 추리소설을 그리 써대는지… 정말 자기가 쓴 건지 의심스러워요. 허허허.”

내가 바쁘게 사느라 안부 전화가 뜸하면 선생이 먼저 전화를 걸어 안부를 묻곤 했다. 그해 가을 선생의 병환이 깊어갈 무렵 아내와 함께 여의도 관수재觀水齋에 인사를 갔다. 선생은 산소호흡기를 코에서 떼며 반갑게 맞아 주었다. 그리고 그 무렵 창작한 시를 한 편 주셨다. 〈오늘〉이라는 제목이 붙은 그 시는 선생의 생을 마무리하는 것 같은 의미를 담고 있었다. 시인 이길원 씨가 붓으로 시를 옮겨 쓴 적지 않은 액자였다.

나의 오늘은 영원 속에 이어져
바로 시방 나는 그 영원을 살고 있다.

박태준, "정치? 별종들이 쇼하는 거요."

한국이 낳은 세계적인 철강왕 청암 박태준 회장이 별세했다는 뉴스를 보면서 '진정한 한국인'에 대한 감회가 새로웠다. 명복을 빌면서 추억담 몇 가지를 회상해본다.

1991년 박태준 회장이 여당의 당 대표를 겸하고 있을 때였다. 나와 을지로의 B식당에서 점심을 함께하면서 일본 이야기를 화제에 올렸다. 박 회장이 일본통이라는 것은 세상이 다 아는 이야기다.

"오는 여름에 일본의 수리삭가협회 산부 13명을 한국으로 초내

했습니다."

당시 한국추리작가협회 부회장으로 있던 내가 앞장서서 일본 작가들을 초대했을 때였다.

"그래요? 누가 오나요? 모리무라 세이치〔森村誠一〕도 오나요?"

박 회장은 뜻밖에도 일본 추리작가의 이름을 여럿 대었다.

"그 사람은 협회 간부가 아니어서 빠졌고요, 이쿠시마 지로〔生島治郎〕 회장과 오사와 아리마사〔大澤在昌〕 같은 젊은 작가가 옵니다."

"그럼 그 사람들을 아예 포항으로 오라고 해서 고도 경주도 보여주고 포항제철소를 좀 둘러보게 하면 어떻겠소?"

포스코의 초청으로 일본 작가단은 김해공항으로 들어와서 경주를 구경하고 포철도 샅샅이 둘러보며 한국인의 능력에 감탄했다. 일본 작가단은 다시 서울로 와서 한국 작가들과 토론회도 가지고 2박 3일 만에 돌아갔다.

군인, 철강인, 경제인, 정치인으로만 알려진 그가 문학에도 깊이 있는 식견을 가지고 있다는 것을 알게 되었다.

박 회장이 3당이 통합한 민주자유당의 민정계 대표 최고위원직을 맡았을 때였다.

을지로 입구에 있는 박 회장의 집무실(지금 인권위원회 건물)에 초대받아 차를 마시러 갔다.

나는 TV뉴스에서 본 그날 오전 기자회견장 모습을 떠올리며 궁금하던 것을 물어 보았다.

“기자회견 때 여당 모 의원이 급히 회장님 옆에 와서 귓속말을 하던데 무슨 비밀한 이야기가 있었습니까?”

“그 사람? 허허허….”

박 회장은 실소를 감추지 않다가 말했다.

“오늘 점심 약속 있느냐고 묻더군요. 그 사람 TV 카메라만 비치면 내 옆에서 얼쩡거려요.”

“기업 일만 하다가 정계의 중책을 맡았는데, 정치는 해 보니까 어떻습디까?”

박 회장은 서슴지 않고 말했다.

“정치요? 그거 별종들이 모여 쇼하는 거요. 순진한 사람은 견디기 어려워요.”

그 뒤 박 회장이 정계에서 겪은 우여곡절을 보면 정말 그 말이 맞겠구나 하는 생각을 해본다.

대한민국은 또 한 사람의 거인을 잃은 슬픔에 빠졌다. 박 회장의 명복을 다시 한 번 빈다.

두꺼비의 슬픈 실수

1970년대. 개발 독재 시대로 불리던 이 시절, 이 나라 지식인들은 슬픈 세월을 보내고 있었다.

특히 언론계와 학원에 있는 사람들에게는 더욱 그늘이 많았다.

저항 정신이 온몸에 가득 찼으면서도 항상 서민들에게 웃음을 자아내게 하는 만화가 안의섭의 두꺼비는 툭하면 권력자의 수염을 건드렸다.

아무리 달래고 얼러도 두꺼비는 그 이튿날 할아버지 상투 쥐듯 권력자의 비위를 또 건드렸다.

그럴 때면 언론 통제를 맡은 모 부서에 자주 불려갔다.

언론계에서는 그렇게 불려가는 것을 '남산에 라면 먹으러 간다.' 고 했다. 무서운 그 부서가 서울 남산 숲 속에 있었기 때문이다. 밤새워 수사를 받다가 때가 되면 라면 한 그릇을 내놓기 때문이다.

기자나 시사 만화가들이 라면 먹으러 가면 라면만 먹지는 않는다. 온갖 심신의 위협을 다 당한다.

"반성하고 다시는 그런 것 그리지 마시오."

엄명을 받고 겨우 목숨 붙여 나오면서 이만한 게 천만다행이라고 생각한다.

더러는 말도 못하고 입원도 한다.

그러나 두꺼비 안의섭은 좀 달랐다.

혼나고 나오면서 책임자 방을 찾아간다.

"왜 왔소?"

"일당 주시오. 나 온종일 잡혀 있었으니 손해가 이만저만 아니오."

권력자는 어이가 없어 웃지도 않는다.

"빨리 당신들 잘하는 금일봉 주시오."

버티고 앉은 그를 당할 사람이 없다.

권력자는 할 수 없이 봉투에 금일봉을 넣어서 주고 돌아서서 중얼거린다.

"혼나러 온 주제에 일당 내라고? 강철 심장이야, 심장에 털이 난 거야?"

안 박사는 그 돈으로 나에게 자장면을 사면서 슬픈 웃음을 지었다.

잘 먹고 잘살아라

1970년대 후반 어느 날 밤이었다. 전화벨이 요란하게 울렸다. 시계를 보니 새벽 3시였다. 이때 전화를 걸 사람은 내가 다니는 신문사의 장기영 사주뿐이었다. 그런 장 사주가 작고한 지 오래된 때였다. 그렇다면 누가 전화를 걸었을까 궁금했다.

"여보세요?"

"이 부장, 나요. 나, 두꺼비."

뜻밖에 안의섭 화백이었다. 안 화백은 절대로 밤에 전화를 하지 않는 사람이었다. 그런데 심야에 전화를 걸다니.

"안 빅, 웬일이오?"

신문사에서는 안의섭 화백을 안 박사라는 애칭으로 불렀다. 그 연유는 1950년대 라디오의 인기 프로그램인 〈재치문답〉에 출연했기 때문이다.

"지금 밖에 와 있는데, 자꾸 나오라고 하거든…."

"뭐가 와요?"

"그 사람들 말이야. 지금 끌려가면 아무도 모르잖아. 어떻게 해야 하겠소?"

참으로 난감한 질문이었다.

"뒷문 없소? 날 밝거든 오라고 하고 뒷문으로 나가시오."

"에이, 비겁하지. 음… 내가 알아서 할게요."

전화는 거기서 끊겼다. 나는 아무 도움도 주지 못해 미안하기 그지없었다.

이튿날 아침 안 박사는 출근하지 않았다. 집에 전화를 했으나 아무도 받지 않았다. 〈두꺼비〉 게재란에 '작가 사정으로 쉽니다.' 라는 안내 기사를 내놓고 사장을 찾아가 어젯밤의 이야기를 해주었다. 이튿날이 되어서야 안 박사의 신병이 어디 있는지 밝혀졌다.

며칠 뒤에 출근한 안 박사는 나를 보고 싱긋 웃기만 했다.

"라면 자셨수?"

"……."

"일당 받아 오셨수?"

"……."

내가 던진 농담에 그는 여전히 아무 말도 하지 않았다.

안의섭 화백은 강원도 이천伊川 출신으로 사범학교를 나와 교사로 지내다가 1955년 《경향신문》에 입사하여 시사만화를 그리기 시작했다. 그의 타고난 반골 기질은 군사정권과 20여 년간 마찰을 일으켰다. '두꺼비' 캐릭터를 가지고 《동아일보》, 《조선일보》, 《대한일보》를 거쳐 《한국일보》로 왔다. 1974년 김연준 사장이 운영하던 《대한일보》가 성금 횡령 사건으로 폐간되자 '김경환 사단' 으로 불리던 조영서, 안의섭 씨가 《한국일보》로 옮겨 왔다.

안 화백은 신문 마감 시간이 임박해지면 아이디어를 가다듬느라고 입을 꾹 다물고 편집국을 왔다갔다 했다.

"빨리 넘겨요."

편집부장인 나는 늘 원고를 독촉하는 입장에 있었다.

"오늘은 정말 소재가 없네요. 하나 주쇼."

그는 나한테서 '꺼리' 를 찾곤 했다.

"정 없으면 산에라도 올라가시오."

"요즘 두꺼비가 너무 자주 산에 간다고 독자가 욕하던데…."

"그럼 이 짓 그만두고 세무서나 하나 불하받아서 잘 먹고 잘살던가."

그는 나의 농담을 금세 발전시켰다.

"남산 세무서보다 종로 세무서가 낫겠지? 후후후."

그는 세무서 불하는 못 받고 할 수 없이 산에 올라간 두꺼비를 그렸다. 두꺼비가 남산 꼭대기에 올라가 아래를 내려다보며 소리친다.

"잘 먹고 잘살아라!"

늘 권좌와 대립각을 세우고 있던 터라 이 말이 무엇을 의미하는지 독자들은 잘 알아들었다.

그로부터 10여 년 뒤인 1986년 1월 18일 신문이었다. 전두환 대통령의 생일이기도 했는데 안 화백은 그것을 염두에 둔 만화를 그렸다. 레이건 대통령의 건강상 문제가 거론되기도 한 시점이었다.

두꺼비의 독백

– 대통령 각하, 오래오래 사십시오.

– 하는 짓이 마음에 쏙 듭니다.

그러면서 레이건 기사를 읽고 있는 장면이 그려져 있었다.

그 일이 있은 후 안 화백은 1년 7개월 동안 신문사 밖으로 나가 있었다.

안 화백은 1980년 관훈클럽 언론상을 받았다. 수상 소감에서 그는 '나 같은 일을 해서 이 상을 받는 불행한 사람이 다시는 없었으면 좋겠다.'는 말을 해서 화제가 되기도 했다.

안의섭 화백은 그 뒤 본의 아닌 외유를 떠나 유럽, 일본 등지를 떠돌아다니다가《세계일보》로 돌아온 뒤 1994년에 작고했다.

재기 넘치고 다정다감하던 그의 얼굴이 너무나 보고 싶다.

두꺼비식 파킹법

1970년대 중반 언론인들이 힘들게 살 때였다.

나는 《한국일보》 편집국에서 안의섭 씨와 함께 근무했다. 안의섭씨는 《조선일보》, 《대한일보》 등을 거쳐 《한국일보》에서도 사회면 4컷 만화 〈두꺼비〉를 연재하고 있었다. 1950년대 라디오의 대박 인기프로인 〈재치문답〉에서 기발한 발언을 많이 해서 만화 이외에도 안의섭을 안 박사라고 부르는 팬들은 많았다.

뛰어난 순발력과 재치는 그의 커다란 장기였다. 거기다가 반골정신이 뼈까지 차 있어서 권력을 향한 날카로운 필치는 두려움을 몰랐다.

당시는 언론인들에게 암울한 시대였다. 안의섭은 날마다 서민의 입장에 서서 녹재 권력을 향한 저항을 온몸으로 했다.

어느 무더운 여름날. 언제나 점심시간 이후에 출근하던 안의섭이 일찍 나왔다.

"오늘 웬일이유?"

내가 비실비실 옆으로 가서 말을 걸었다.

"모 잡지에서 한 컷 그려달라고 했는데 깜빡했어. 지금 빨리 끝낼 테니 같이 점심합시다."

두꺼비가 점심 사겠다고 하는 것은 입사 이래 처음이었다.

안의섭은 부탁받은 만화를 그려놓고 앉아서 기다렸다. 잡지사에서 현금을 들고 와서 작품과 바꿔갔다. 안의섭은 현금을 가져오지 않으면 절대로 작품을 내주지 않았다. 그냥 외상으로 그려 주었다가 잡지사가 망하는 등 떼인 일이 하도 많아 그렇게 하지 않을 수 없다고 했다. 안의섭 금전 관리는 짠돌이로 이름났다.

마침내 잡지사 기자가 현금 봉투를 들고 왔다. 꽤 많은 액수 같았다.

"좀 두툼하군. 우리 오늘 최고급으로 한번 놉시다."

안의섭은 뜻밖의 제의를 하면서 나를 자기의 포드 20 무스탕 차에 태웠다. 당시로서는 기자가 엄두도 못 낼 고급차였다.

"오늘 우리 신라호텔 프랑스 식당에 갑시다."

"예? 거기 무지 비싼 덴데…."

"뭣하면 와리깡하든가, 아니면 스프만 먹고 나오든가…."

와리깡이란 더치페이의 일본 속어다. 차가 신라호텔 현관에 닿았다. 내가 먼저 내리자 현관 경비원이 나한테 멋진 경례를 했다. 고급차를 타고 왔으니 스테이터스가 증명되었다.

그런데 그다음에 괴이한 일이 생겼다. 경비원이 갑자기 운전대를 잡고 있는 안의섭을 향해 소리쳤다.

"운짱! 주차장은 저 뒤쪽에."

운짱이란 운전사의 애칭이다. 경비원은 내가 회장이고 안의섭은 운전사로 착각한 것이다.

내가 아차, 하는 순간 안의섭은 아무 말 않고 차를 돌려 주차장으로 갔다. 한참 있다가 안의섭이 키를 휘휘 돌리며 걸어왔다. 그때야 경비원은 깜짝 놀랐다. 두꺼비 안의섭의 얼굴을 알아본 것이다.

"윽! 죄송합니다. 안… 두꺼비님인 줄 몰라 뵙고…."

경비원이 안의섭이라고 하려다가 두꺼비란 말이 먼저 나온 것 같았다.

경비원은 90도로 허리를 굽혀 사과했다.

"안 두꺼비? 나는 바깥 두꺼비야. 수놈."

안 박사의 화났을 때 말투였다. 신라호텔은 발레파킹이 되는 곳이었다.

안의섭은 갑자기 돌아서더니 주차장으로 다시 갔다. 한참 있다가 그가 차를 다시 현관 앞으로 몰고 왔다. 그리고 차 문을 크게 열고 내리더니 경비원에게 말했다.

"내 차 주차장에 좀 세워 주겠나? 유격이 좀 느슨하니 조심해!"

기상천외한 안의섭의 파킹법을 보고 웃지 않을 사람이 있겠는가.

두꺼비의 폭소 실수

두꺼비 안의섭의 만화는 언제나 권력을 때리고 서민을 돕는 한결같은 철학을 가지고 있었다. 나와 안의섭 화백은 《한국일보》 편집국에서 10여 년 함께 일하며 숱한 일화를 남겼다.

35년 전.

어느 날 출근길에 차에서 내리는 안의섭 화백을 만났다.

그는 당시로서는 엄청 고급차인 무스탕 20 자가용을 타고 다녔다. 군복 색깔의 자가용은 위엄이 넘쳐보였다.

그런데 애지중지하는 그의 차가 앞 문짝에서부터 뒤 범퍼까지 주욱 긁힌 자국이 나 있었다. 그야말로 차를 버려놓았다.

"아니, 안 박사 차가 왜 저래요? 운전의 달인이 저렇게 긁고 다녀요?"

안 박사는 항상 기자 중에 자기가 제일 먼저 운전면허를 땄다고 아무도 안 믿는 말을 자랑 삼아 했다.

내가 핀잔을 주자 그는 씁쓸한 표정으로 대답했다.

"글쎄 말이야. 우리 집 다섯 살 꼬마 알지?"

늦동이 사내아이를 몹시 귀여워한다는 것을 잘 알고 있었다.

"그런데?"

"응, 우리 집 골목이 좁아서 차를 뒤로 빼는데 혹시나 싶어 꼬마보고 내 차가 벽에 긁히나 잘 좀 보라고 했더니, 예 아빠 그러더라고."

"그래서요?"

"차가 어디 긁히는 것 같았는데 꼬마가 아무 말도 안 해서 괜찮을 줄 알았지…. 그런데 저 모양이잖아. 그래서 이 녀석아 차 긁히나 보라고 했는데 뭐했어? 하고 소리를 질렀더니… 나 기가 막혀."

"그래서요?"

"아빠 시키는 대로 벽에 긁히는 것 잘 보고 있었어. 왜 야단이야."

"?? !!!!"

만화 같은 진짜 이야기다.

만화가 고우영이 언론인 된 사연

'언론인 고우영!' 그는 이렇게 불리는 것을 좋아했다.

1995년 내가 《한국일보》로 다시 돌아갔을 때 발행인이 만화가 고우영 씨를 《한국일보》의 만평 작가로 등용하자는 제의를 했다. 나는 좋은 아이디어라고 생각하고 고우영 씨를 불러내 같이 저녁을 먹으면서 《한국일보》에 정치 만평을 그리지 않겠느냐고 권유했다. 그러나 고우영 씨는 완강히 거절했다.

바빠서 매일 매달리는 일은 할 수 없다고 말했지만 나는 나름대로 짐작하는 바가 있있다.

신문의 만평가들은 권력과 싸워야 하는 고달픈 일이 끊이지 않기 때문에 아예 발을 들여놓지 않으려고 했다.

나는 포기하지 않고 여러 번 만나 설득했다.

“고 형, 고 형이 죽은 뒤를 생각해 보시오. 지금 이대로 죽으면 만화가 고우영밖에 안 되지요.”

“그거면 충분하지요.”

“만약 《한국일보》에 만평을 그리면 그때부터는 ‘언론인 고우영’이 되는 것이오.”

“하하하, 언론인 고우영이라….”

그는 한참 생각하다가 말했다.

“좋아요. 언론인도 한번 되어 봅시다. 주먹 생활로 출발해서 언론인으로 끝난다? 하하하.”

그가 주먹 생활이라고 하는 것은 조폭이나 깡패를 말하는 것이 아니고 젊을 때 권투를 했기 때문에 하는 말이었다.

고우영 씨는 그 뒤 대한민국 예술상을 받았다.

“언론인 고우영이 예술가 고우영이 되었소그려, 하하하.”

내가 축하 인사를 가서 한 말을 그는 무척 좋아했다. 이후 나를 만날 때면 스스로 ‘예술가 고우영’이란 말을 자주 썼다.

나한테 메일을 보낼 때도 '예술가 고우영' 혹은 '언론인 고우영' 이라고도 했다.

고우영 씨가 《한국일보》 지면에 만평을 그리는 동안 편집국 책임자와 충돌이 잦았다. 만평의 맛이란 권력자를 톡톡 쏘는 것인데 그럴 적마다 고위층과 신경전을 벌였다. 고우영 씨는 풍자적 기질을 타고난 사람인데다 자존심이 몹시 강했다. 그러니 권력자가 불편해할 수밖에 없었다.

내가 《한국일보》를 그만두고 얼마 지나 고우영 씨 부부가 우리 집에 찾아왔다.

"요즘 잘나가고 있나요?"

"아뇨. 잘렸어요. 전 회장 측근이라고 새 회장이 뎅강 자르던데요. 조직의 쓴맛을 보았지요. 하하하."

그는 여유롭게 웃었다.

"이제 우리 고스톱이나 치면서 느슨하게 삽시다."

키가 작고 한쪽 눈이 안 보였지만 놀기 좋아하는 낙천주의자인 그가 하늘나라에서 얼마나 재미있게 지내는지 궁금하다.

만화가 고우영 미스코리아 앞서 "앗!"

만화가 고우영은 갔지만 그의 명작들은 아직도 살아 있다.

나와 오랜 친구인 고우영은 평소에도 많은 일화를 남겼다.

천성이 곱고 수줍음 잘 타는 그의 작은 체구에서 어쩌면 그렇게 넘치는 유머가 샘솟는지 감탄스러웠다. 노력도 많이 하지만 재기로 똘똘 뭉쳐진 훌륭한 작가였다. 그의 이야기는 대개 사람들을 감탄시키지만 실수담도 심심찮게 있다.

그중 한 가지를 소개한다.

고우영은 평소 소화기관이 좋지 않다가 결국은 대장암이 원인이 되어 세상을 떠났다. 그가 배탈이 잘 나는 것은 평소에도 그를 괴롭혔다.

고우영이 일간스포츠에 〈임꺽정〉, 〈삼국지〉, 〈수호지〉, 〈일지매〉 등 만화(극화)를 연재하면서 인기 절정에 있을 때 이야기다,

1970년대 중반 한국일보사와 일간스포츠가 주최하는 미스코리아 선발대회 때였다. 전국에서 뽑힌 지방 미인 30여 명이 합숙 리허설을 할 때였다.

장차 미스코리아가 될 후보 수십 명이 전방 장병들 위문을 떠났다. 인기인 고우영도 그 일행으로 함께 버스를 타고 전방으로 달리고 있었다. 갑자기 고우영의 얼굴이 일그러지기 시작했다. 차는 고속도로를 신 나게 달리고 있고 미녀들은 모두 즐겁게 노래 부르고 있는데 고우영은 얼굴이 점점 찌푸려지더니 마침내 사색이 되었다. 배가 살살 아파 오다가 더 참을 수 없게 되었다.

"스톱!"

고우영은 염치 불고하고 차를 세웠다. 지금 바로 화장실로 뛰어가지 않으면 터질 지경이다. 버스 안에서 어뢰를 터뜨렸다가는 그야말로 계엄령이 날 판이었다.

고우영은 버스가 서자마자 도로변 간이 화장실로 뛰어갔다. 그러나

“아뿔싸.”

화장실에 채 골인하기도 전에 폭탄은 터지고 말았다. 화장실에 들어가서 급한 대로 수습하고 보니 이런 낭패가 있나. 바지가 온통 범벅이 되어 입을 수가 없게 되었다. 어떻게 할 수가 없어 무작정 화장실에서 버티고 나가지 않았다. 주최 측과 미녀 인솔자들이 영문을 몰라 우왕좌왕하다가 겨우 사태를 파악했다.

그러나 갑자기 새 바지가 있을 턱이 있나. 주최 측에서 백방으로 손을 써서 미녀 중 한 사람의 여벌 바지를 얻었다.

여자 바지를?

그러나 고유영은 키가 아주 작고 미녀는 키가 아주 크다. 바지는 그럭저럭 아래를 가릴 수 있었다. 벌써 버스 안에 소문은 다 나고.

고우영은 홍당무가 되어 여자 바지를 입고 버스로 올라가는 평생 최대의 곤경을 겪었다. 가끔 여자 바지 입은 천재라는 소리도 들었다.

만화로 사장 혼낸 고우영

1970년대 초 《일간스포츠》에 만화가 고우영高羽榮의 연재만화 〈임꺽정〉과 김성종의 연재소설 〈여명의 눈동자〉가 연재되기 시작했고, 이 두 작품으로 인해 《일간스포츠》는 가판대의 총아가 되었다.

고우영 씨는 처음 〈짱구박사〉라는 인기 아동 만화를 추동성이라는 형의 이름으로 만화를 출판했다. 요절한 만화가인 친형의 필명을 그대로 쓴 것이었다. 그 이후 고우영 씨는 20여 년에 걸쳐

내가 간여한 3개의 스포츠 신문에 연재를 했다.

고우영 씨가 《일간스포츠》에 〈임꺽정〉을 연재하자 가판 신문이 날개 돋친 듯 잘 팔렸다. 어느 날 〈임꺽정〉 극화를 보다가 깜짝 놀랐다. 탐관오리를 소탕하러 간 극중 임꺽정이 갑자기

"강재 네 이놈, 이리 썩 나오너라!"

하고 소리치는 장면이 있었다. 장강재 씨는 장기영 사주의 장남으로 당시 《한국일보》 기획실장 자리에 있으면서 사장이나 다름없이 살림을 맡고 있었다.

나중에 사정을 알아보니, 신문이 많이 팔리면 원고료도 올려주어야지 언제 책정된 원고료인데 안 올려주느냐고 여러 번 항의를 했다고 한다. 그래도 전혀 들어 주지 않자 지면에 대고 공개적으로 항의를 한 것이었다. 왜 그렇게 극단적인 항의를 했느냐고 물었더니 고우영 씨는 '약자의 항변' 이라며 사람 좋은 웃음을 지었다.

고우영 씨가 《스포츠투데이》에 〈수호지2000〉을 연재하고 있을 때였다. 나하고 같이 일산 한동네에 살고 있던 고우영 씨는 매일 원고를 그려서 아침 일찍 우리 집에 가지고 왔다. 그러면 내가 출근하면서 갖고 나가 편집국에 들러 담당 부장한테 원고를 전달했다. 그런데 편집국에서 이를 대단히 불편하게 생각했다. 사장을

원고 심부름꾼으로 만든다는 것이 불경하다고 생각해서 고우영 씨에게 크게 불평을 한 듯했다. 내가 그 사정을 알고 고우영 씨에게 새로운 제의를 했다.

"고 형, 만화 원고를 인터넷을 통해 보내면 어떻겠어요?"

"예? 인터넷이 우편 배달원도 아닌데 어떻게 인터넷으로 갑니까?"

1990년대 말. 그때만 해도 인터넷 메일이 보편화되지 않았을 때라서 특별히 교육을 받지 않으면 메일을 통한 그래픽 전송이 쉽지 않았다.

"내가 가르쳐 줄 테니 원고료 10%만 깎읍시다."

"그렇게 할 수만 있다면야…."

나는 인터넷 그래픽 전송 메일의 원리를 가르쳐 주었다. 근 한 달을 연습한 뒤 고우영 씨가 나한테 뛰어와 큰소리를 쳤다.

"됐어요. 됐어. 이제 해방입니다. 내가 여행가클럽 회장인데 이놈의 원고 때문에 여행을 마음대로 못 다녔어요. 이제 여행 다니면서 원고 그려 보낼 수 있으니 해방된 기분입니다."

"하하하, 축하합니다. 그러면 원고료 10% 깎습니다."

말하면서 고우영 씨의 표정을 내려다보았다. 고우영 씨는 나보다 키가 많이 작았다. 160센티를 조금 넘는 키가 아니었나 싶다.

"약속은 약속이니까."

섭섭한 표정이었다.

"10% 깎고, 대신 10% 더 올려줄 테니 재미도 10% 더 올려서 그려주시오."

"하하하. 계산도 복잡하시네. 하하하."

이가형, 노영문학자의 열정

1983년 추리작가협회가 탄생하게 된 뿌리는 미스터리 클럽이었다. 미스터리 클럽은 추리소설 마니아들의 모임이었다. 주로 영문학자들이 멤버였던 이 클럽의 중심인물은 노영문학자인 이가형(李佳炯, 호 雁夫) 교수였다. 이가형 교수를 중심으로 문용, 유명우, 장백일, 황종호, 양병탁, 이근삼, 김용권, 백성호 교수 등 영문학자와 현재훈, 이상우, 노원, 김성종 등 현역 작가들이 모였다.

이가형 교수는 1970년대 창립부터 10여 년 동안 회장을 맡아 한국 미스터리 클럽을 이끌어왔고, 이후 한국 추리작가협회가 탄생하는 데도 주역을 맡았다.

이가형 회장은 1921년 목포시 죽동에서 태어났다. 그러나 아버지 대의 고향은 부산이었기 때문에 "나는 경상도 뿌리의 호남인이다."라고 말하곤 했다.

이 회장은 1930년대 중반 일본으로 건너가 남쪽 구마모토에 있는 제5고등학교를 졸업했다. 당시의 일본 학제는 국립 고등학교가 7개 있었는데 제1고는 도쿄에 있었다. 이렇게 숫자가 붙은 고등학교는 전국의 수재들만 들어갈 수 있는 명문 학교였다. 이가형 회장은 제5고교의 3대 천재 중의 하나라는 전설이 아직도 남아 있다. 이 회장은 21세이던 1942년에 국립 토쿄제국대학 문학부에 입학했다. 토쿄제국대학에서는 불문학을 전공했다. 그러나 2학년 때 조선 독립을 꿈꾸는 '불량 학생'으로 지목받아 경찰 조사를 받고 학도병이라는 이름으로 강제 징집되어 일본군에 입대했다.

이가형 회장은 남방 방면군에 배치되어 버마 전선에서 종군하다가 연합군의 포로가 되어 싱가포르에서 해방을 맞게 되었다.

조국으로 돌아온 이 회장은 1946년 고향으로 돌아가 목포고등학교 교사가 되었고, 1951년에 목포상업전문대학 부교수로 자리를 옮겼다. 1953년에는 전남대학교 부교수로 취임해 영문학을 가르치기 시작했다. 3년 뒤에 미국으로 유학을 떠나 윌리엄스 대학에서 영문학을 공부하고 돌아와 서울에서 중앙대학교 교수로 취임했다. 뒤에 아이들이 병으로 입원하게 되자 입원비를 댈 길이 없어 퇴직금을 받기 위해 중앙대학교에 사표를 냈다. 1983년에 국민대학교 대학원장으로 다시 교직에 복귀했다가 정년퇴직했다.

이 회장은 목포고등학교 교사로 있던 1949년 《호남공론》이라는 잡지에 〈마지막 밤의 대화〉라는 단편소설을 발표하여 문단에 처음 발을 들여놓았다. 그 뒤 〈귀향로〉(1951), 〈삼십육계〉(1951) 두 단편을 《신문학》지에 연달아 발표했다. 이 회장은 불문학을 전공했지만 영어 영문학에 더 조예가 깊었다. 뒤에 영문학회 회장과 비교문학회, 아메리카학회 간부로도 활약했다. 이러한 공로로 제13회 번역 문학상을 받기도 했다. 1959년에는 《미국문학사》(양병탁 공저, 신구문화사)를 출간했다.

평론에도 힘을 기울여 〈전후 문학의 세계상〉(1969), 〈포우와 도일〉 등을 발표했다. 1987년에는 국제펜클럽 회장에 출마하기도 했다.

이 회장은 영문학과 불문학을 동시에 전공했기 때문에 두 분야의 저명한 학자로 큰 발자취를 남겼다. 크리스티와 멜벨 모딕을 번역하는가 하면 앙드레 말로와 사르트르의 작품도 번역 출판했다. 특히 추리소설에 심취하여 번역한 추리소설이 수백 권에 이른다.

영문학회 회장 시절에 자주 모이던 학자들과 미스터리 클럽을 만들게 된 것은 극히 자연스러운 일이었다. 송년회 등의 자리에서도 추리소설의 매력이 화제로 올랐고, 이를 매개로 미스터리 클럽이 태동하였다. 당시 종로 1가에 있던 '운정雲庭' 이라는 2층집 음식점이 주로 모이는 장소였다. 그 집의 여주인인 황 마담의 인상이 애거서 크리스티와 비슷했다. 그래서 그곳에 모이던 영문학자들은 '추리의 여왕', 또는 '퀸 미스터리' 라는 별명을 붙여 부르기를 좋아했다. 추리소설을 좋아하던 황 마담은 안주만 팔아주면 술은 무한정 공짜로 대주었다. 그리고 세계의 명탐정 이야기에 끼어들기를 좋아했다.

필자가 1979년 처음 이 모임에 참가했을 때는 젊은이 측에 들어서 황 마담이 항상 '미스터리 청년' 이라고 불렀다. 이 모임은 정식으로 조직된 것이 아니었기에 회장도, 회칙도 없었다. 다만 이가형 회장이 좌장 노릇을 했을 뿐이었다. 음식 값은 독지가가 한 사람씩 나와서 내거나 각자 추렴해서 냈다.

이가형 회장은 영어, 불어, 일어로 된 추리소설을 1천여 권 읽었다고 했다. 그가 특히 좋아한 작가는 가스통 루루와 애거서 크리스티, 모리무라 세이치, 더실 해미트였다.

이 회장은 3편의 단편소설을 발표했지만 추리소설을 쓰지 못한 것을 늘 한으로 말했다. 그러다가 마침내 1987년에 추리 단편 〈비명非命〉을 발표했다.(한국 우수 추리단편집 3권, 행림출판사. 1987)

〈비명〉은 일본 추리작가들이 한국 추리작가협회 초청을 받고 김포공항에 도착하는 장면으로부터 시작된다. 일본 회장단을 마중 나간 사람은 주인공인 이가형 회장과 부회장이며 일간신문 편집국장인 이상운(필자, 당시 스포츠서울 재직), 총무인 김상현이다.

일본 작가 중에는 이가형 회장이 동경 유학 시절 자주 가던 다방의 여주인도 끼어 있었다. 유학 시절의 로맨스와 갈등, 오해가 수십 년 뒤 서울로 이어져 마침내 주인공이 비명에 간다는 내용이다. 여기 등장하는 인물은 당시 추리작가협회 주요 멤버들이었다. 이름을 한 글자씩 바꾸거나 본명을 그대로 썼다. 이명언(이가형 아명), 주진건(작가 노원의 본명 주진균), 황종하(황종호), 이상운(이상우), 현재현(현재훈), 박만규(박민규), 김성종, 문윤성 등이다.

이가형 회장이 마지막으로 발표한 작품은 제2차 대전 일본군 학병으로 끌려가 버마(미얀마)전선에서 포로가 된 내용을 담은 자전적 장편소설 《분노의 강》(경운 출판사 1993)이다. 뒤에 일본에서도 《憤怒の江》(連合출판사 1995)이란 제목으로 직접 번역해서 출판했다.

이 회장은 1983년 2월에 출범한 한국추리작가협회장의 초대 회장을 맡아 1987년까지 추리작가협회의 기초를 만드는 데 정열을 바쳤다. 이 회장의 일상과 학문에서는 추리소설을 빼놓을 수가 없었다. 모든 행동이 추리소설과 연관이 있다고 해도 과언이 아니었다.

이 회장은 2001년 10월 심장마비로 서울대학병원에서 세상을 떠났다. 향년 80세였다. 그의 영식인 이원하 씨도 작가의 길을 걸어가고 있다. 1987년 《서울신문》 신춘문예에 당선되어(〈이강산 낙화유수〉 소설 부문) 작가로 데뷔했다. 한국추리작가협회에 가입하여 부자가 회원이 된 유일한 케이스이기도 했다.

이주일이 큰절한 사연

코미디언 이주일이 들어서자마자 갑자기 땅바닥에 엎드려 큰절을 하며 말했다.

"못생긴 짓을 해서 죄송합니다."

내가 S신문 편집국장으로 있던 1988년 정초 출근 첫날로 기억된다. 연예부 K부장이 코미디언 이주일을 안내하고 내 방으로 들어왔다. 이주일은 들어서자마자 큰절을 하며 이렇게 말했다.

"왜 이러시오? 내가 이주일 씨한테 큰절 받을 일 없는데요."

내가 그를 일으켜 세워 응접 소파에 앉혔다.

"국장님, 정말 죄송합니다. 제가 남 웃기는 것이 직업이 돼서 헌

번 웃겨 보려고 한 것이 그만 도가 지나쳤나 봅니다.”

“하하하. 지난 연말 극장식 식당에서 있었던 일 때문에 그러는 거요? 그거라면 이렇게 큰절로 끝낼 일이 아니죠.”

내가 짐짓 화가 안 풀린 척했다.

“그럼 제가 어떻게 해야 하겠습니까? 말씀해주십시오.”

이주일은 여전히 굳은 표정으로 말했다.

“편집국에 나가 기자들을 모두 웃기는 연기 한번 하시오. 하하하.”

그제야 이주일은 내 농담을 알아듣고 같이 웃었다.

극장식 식당의 해프닝은 나를 조금 당황하게는 했다.

평소 가장 가깝게 지내는 고등학교 동창 4명은 매년 12월 31일이면 부부 동반으로 저녁 회식을 하며 그동안 쌓인 회포를 풀었다.

1987년 12월 31일도 퇴계로에 있는 H극장식 식당에서 쇼를 보면서 저녁 식사를 즐겼다. 그때는 극장식 식당이라는 것이 유행이어서 식사를 하며 가수들의 노래도 듣고 코미디언들의 연기도 즐겼다. 값도 그렇게 비싸지 않았다.

그날 한참 저녁을 먹으며 담소를 하고 있을 때 그날의 하이라이트 쇼인 이주일 코미디가 시작되었다.

"못생겨서 죄송한 이주일입니다."

그는 특이한 비틀 걸음으로 앞 무대에 올라섰다. 올라서자마자 앞 객석 식탁에 앉은 나와 눈이 마주쳤다.

그는 평소에 안면이 있는 터라 몹시 반가운 표정을 지었다. 한참 인기의 절정에 있던 이주일은 취재 당하러 신문사에 왔다가 편집국장인 나를 가끔 만난 일이 있었다.

그런데 갑자기 이주일이 돌발 행동을 시작했다.

"오늘 여러분에게 VIP 한 분을 소개하겠습니다. 참으로 귀한 손님 S신문의 편집국장님께서 나오셨습니다. 이상우 선생님 일어나서 인사받으시죠. 조명 여기로 집중해서 비춰."

나는 당혹스럽고 난감했으나 일어나서 휘황찬란한 조명이 집중된 가운데 박수를 받으며 인사를 해야 했다.

그런데 이주일은 이어 난감한 멘트를 했다.

"그런데 국장님, 실례의 질문을 좀 해야겠습니다. 사모님이 참 미인이신데 평소에는 어떻게 생각하십니까?"

그는 내 답변도 듣지 않고 참으로 더 난감한 멘트를 했다.

"그런데 어제 같이 오신 사모님과는 얼굴이 다른데요. 어제 사모님은 어디 계십니까?"

"! ?"

"와~ 하하하~."

사방에서 폭소가 터졌다. 나는 어떻게 수습해야 할지 몰라 그냥 주저앉고 말았다.

저녁 식사가 끝나고 나갈 때 이주일을 찾았다. 왜 망신 주느냐고 한마디 하려고 했다.

그러나 시간이 황금인 그는 벌써 딴 장소로 떠나고 없었다.

정초 세배 차 만난 연예부장에게 이 이야기를 했다. 그의 재치를 칭찬했다. 그런데 연예부장은 아마도 내가 몹시 화가 났다고 생각하고 이주일을 사과시키려 데려온 것 같았다. 이주일은 커피 한잔 대접을 받고 나가면서 새해 선물이라며 넥타이 하나를 두고 갔다.

내가 이주일 씨를 처음 만난 것은 1982년 《한국일보》에서 주간 편집국장을 하고 있을 때였다.

주간지로 명성을 떨치던 《주간한국》에 화제의 인물을 10페이지에 걸친 극화로 소개하는 기획을 세웠다.

첫 번째 작가로 만화가 심민섭 씨를 내세웠다. 그때까지 심민섭 씨는 프로 작가가 아니고 《주간한국》의 인기 페이지인 독자 '낙서' 페이지의 스타였다. 심민섭 씨는 유머가 넘치는 '낙서' 를 그림과 함께 투고해서 기성작가 못지않은 인기가 있었다.

나는 그를 모셔다가 10페이지의 엄청난 지면을 주고 마음대로 그려보라고 했다. 심민섭 씨는 〈가라사대〉라는 제목으로 한창 뜨고 있는 이주일을 등장시켰다. 이 인연으로 이주일이 편집국을 찾아와서 처음 만났다. 그는 언제나 겸손하고 예절이 발랐다. 그러나 남을 웃겨야 될 자리에 가면 전혀 다른 사람이 되어 배꼽을 잡게 한다

이주일은 1940년 춘천 태생으로 1965년 샛별 악극단의 사회를 보면서 연예계에 첫발을 들여놓았다. 그러나 '못생긴' 모습 때문에 10여 년을 고생하다가 그 '못생긴' 것으로 뜨기 시작했다. 한때 정치에 입문해 1992년에는 14대 국회의원을 지내기도 했다.

2001년 폐암으로 투병하며 금연운동에도 나섰다. 2002년에는 금연운동 추진 본부장을 지내기도 했다. 2002년 62세를 일기로 타계했다.

심민섭 씨는 그 뒤 심마니라는 캐릭터로 일간지 풍자만화의 스타로 등장했다. 그의 굽히지 않는 반골 정신은 안의섭의 〈두꺼비〉, 김성환의 〈고바우〉, 정운경의 〈왈순아지매〉 등과 함께 언론 만평의 한 시대를 장식했다.

이상우의 인생사용 설명서

도둑질에도 철학이 있다

인쇄 2014년 6월 5일
발행 2014년 6월 12일

지은이 이상우
발행인 서정환
펴낸곳 신아출판사
주소 전북 전주시 완산구 공북 1길 16(태평동 251-30)
전화 (063) 275-4000 · 0484, 252-5633
팩스 (063) 274-3131
이메일 sina321@hanmail.net bestessay@hanmail.net
출판등록 제465-1984-000004호
인쇄 · 제본 신아출판사

ISBN 979-11-5605-092-6 03810
값 13,000 원

「이 도서의 국립중앙도서관 출판시도서목록(CIP)은 서지정보유통지원시스템 홈페이지(http://seoji.nl.go.kr)와 국가자료공동목록시스템(http://www.nl.go.kr/kolisnet)에서 이용하실 수 있습니다.(CIP제어번호: CIP2014017701)」

Printed in KOREA